KB202885

그리스도인의

논어 산책

그리스도인의 논어 산책

2019년 8월 26일 초판 1쇄 인쇄
2019년 8월 30일 초판 1쇄 발행

지은이 | 임종수
펴낸이 | 김영호
펴낸곳 | 도서출판 동연
등   록 | 제1-1383호(1992년 6월 12일)
주   소 | 서울시 마포구 월드컵로 163-3
전   화 | (02) 335-2630
팩   스 | (02) 335-2640
이메일 | yh4321@gmail.com

ISBN 978-89-6447-524-9 03100

그리스도인의

임종수 지음

논어 산책

동연

초등학교 4학년 가을 어느 날, 책장에 꽂힌 세계문학전집에서『논
어』(論語)를 발견했습니다. 아홉 살 때, 어머니가 보낸 동네 글방에
서 처음 잡은 붓과 묵향(墨香)이 좋았는지 3학년 봄날 담임선생님
을 따라 서예학원에 다니게 되었습니다. 붓글씨를 익히고,『천자
문』(千字文)을 베껴 쓰며 기초 한문을 배웠습니다. 그러나『논어』는
처음이었습니다. 어린 나이였지만 어떤 여운 때문이었을까요. 다
읽고 나서도 바로 책장을 덮지 못했습니다. 지금도 잊히지 않는 장
면 둘이 있습니다. 하나는 자로와 안연이 공자를 모시고 있는 모습
이었습니다. 두 제자가 선생을 모시고 서 있는 그림을 보며 저도 모
르게 마음이 가라앉는 평안을 경험했습니다(이때의 평안한 느낌을 정
靜이라고 표현해도 될지 모르겠습니다). 다른 하나는 애제자 안연이 세
상을 떠나자 하늘을 향해 탄식하는 공자의 모습이었습니다. 어린

제가 공자가 탄식한 뜻을 알기까지는 물론 오랜 시간이 걸려야 했습니다.

남독(濫讀)의 날들로 채워진 중고교 시절, 중국문학을 전공한 선생님들에게 한문과 중국어를 배웠습니다. 수업 후에 따로 시간을 내어 중국어를 가르쳐주신 선생님도 계셨습니다. 동양고전은 늘 가까운 벗과 같았습니다. 스무 살 고개에서 서른을 지나는 동안, 동양철학에 뜻을 세워 고전을 읽어가게 되었습니다. 『논어』 독해도 다양한 주석의 힘을 빌려 원문을 꼼꼼히 읽고 따져보는 길을 비켜갈 수 없었습니다. 그 길에서 다행히 한학(漢學)의 맥을 잇고 계신 선생님들께 『논어』 주소(注疏)의 차이를 배우며 전통적인 고전독법을 익혀갔습니다. 특히 주희(朱熹)의 『논어집주』(論語集注)에 몰입한 제게 정약용(丁若鏞)의 『논어고금주』(論語古今注)는 커다란 지적 충격을 안겨주었고, 『논어』를 둘러싼 세계가 결코 문문치 않다는 것을 실감하게 했습니다. 춘추전국시대 역사를 공부하는 동안 『논어』를 전쟁과 폭력, 불안이 증폭되는 시대의 한복판에서 형성된 문헌으로서 마주하게 되었습니다. 그러자 공자와 동시대인의 고민과 모색, 그들의 빛과 그림자에 눈을 뜨게 되었습니다.

이러한 독법으로 『논어』를 읽어온 제게 서른 후반 무렵, 대학 안팎에서 『논어』를 나눌 기회가 주어졌습니다. 『논어』를 되풀이 곱씹는 시간이 늘어났습니다. 강의와 모임에서 공부 이력과 살아온 체험이 다른 분들을 만나면서 『논어』를 보는 마음눈에도 변화가 일어났습니다. 『논어』가 연구 대상으로 그치지 않고 삶의 이야기이자 일상의 성사(聖事)를 보여주는 고전으로 새롭게 다가왔습니다. 그것은 또 다른 기쁨이고 발견이었습니다. 『논어』를 낭독, 암송하거나 필사하는 분들이 늘어나고, 복음을 더 깊이 이해하기 위한 멘토로 삼고 싶다는 제자들도 생겨났습니다. 일상의 삶에 하나둘 변화를 경험한 제자들이 적지 않았습니다. 깊이 있는 목회자가 나오기를 기도하며 동양고전을 나누어온 제게는 큰 보람이 아닐 수 없었습니다.

한편 『논어』의 무엇이 읽는 이에게, 특히 그리스도인에게 변화를 가져오게 한 것일까'라는 물음도 떠나지 않았습니다. 왜냐하면 평소 저는 동양철학자로서 그리스도교의 복음을, 그리스도인으로서 동양철학을 어떻게 글로 풀고 나눌지 애면글면 생각해왔기 때문입니다. 하지만 아직은 때가 아니라 여겨 글쓰기를 미루고 있었습니다. 그런데 두 해 전, 늦가을 어느 날 『기독교세계』로부터 뜻밖의 연재 요청을 받았습니다. 귀한 인연의 다리를 놓아주신 분은 대안연구공동체 김종락 대표님이었습니다. 『기독교세계』박영신 부장님은 흔쾌히 지면을 허락하셨고, 조혜정 편집장님은 안정감을 갖고 글을 쓰도록 배려하셨습니다. 세 분께 깊이 감사를 드립니다.

글이 연재되는 동안 늘 따뜻한 관심을 주시고 출판까지 권유하신 동연 대표 김영호 장로님과 글이 머물 곳을 마련해주신 손길에 깊은 감사의 말씀을 드립니다. 기도로 지켜주시는 모든 분들, 가족 모두에게 고맙습니다.

머리말에 마침표를 찍으려니 떠나신 부모님 생각이 가득해집니다. 부모님께 이 책을 바칩니다.

2019년 여름날

책에 담긴 글이
주님의 뜻을
이 땅에 이루고자 하는 분들 모두에게
미력이지만 작은 동행이 될 수 있다면 좋겠습니다.

둔촌누옥에서
임종수 삼가 씁니다.

차
례

일러두기

1. 이 책은 『월간 기독교세계』에 2018년 1월부터 12월까지 '그리스도인을 위한 동양고전'이란 제목으로 연재한 글을 모은 것입니다.
2. 성서 본문은 『새번역』을, 『논어』 본문은 (宋) 朱熹 撰. 『四書章句集注』(北京: 中華書局, 2005)를 따랐습니다.

1장

흐르는 물을 바라보며

川천 上상 之지 嘆탄

선생님께서 냇가에서 말씀하셨다. 지나가는 것은 이와 같구나! 밤낮을 그치지 않네!

子在川上曰, 逝者如斯夫, 不舍晝夜.

— 『논어』「자한」(子罕)

"선생님… 요즘 냇가에 자주 나오시네요." 한 제자가 천천히 걸음을 옮기는 공자를 바라보며 조심스레 묻는다. 이즈음 공자는 흐르는 냇물을 바라보는 일이 잦았다. 쉼 없이 흐르는 냇물을 바라보니 지나온 날들이 떠올랐다. 되돌아보면 좌절과 부침의 연속이었던 인생. 세 살 때 부친을 여의고 열일곱 살 때 모친도 세상을 떠나셨다. 아버지의 얼굴을 모른 채 자랐다. 계씨(季氏) 집안에 들어가 하급직으로 창고를 관리하고, 회계와 목축(牧畜)도 맡았다. 궂은일을 마다할 여유가 없었다. 자신이 움직이지 않으면 식솔을 먹여 살릴 수 없었다. 공자는 젊은 시절을 생각하며 훗날 이렇게 토로했다. "내가 젊은 시절 가난했지. 그래서 험한 일에 익숙하다네."

공자가 살았던 춘추시대 말은 사회 변동이 급격하게 진행되던 시기였다. 공자의 말을 빌리면 길을 잃은 시대(天下無道). 모국 노(魯)나라에서 정치적 이상을 실현하지 못한 공자는 여러 나라를 돌아다녔다. 죽을 고비도 여러 번 넘겼다. 제자들과 함께 이동 중에 양식이 떨어져 곤경에 처하고, 악명이 높았던 양호(陽虎)와 용모가 비슷해 광(匡) 땅 사람들에게 포위당하는가 하면, 송나라 대부 환퇴(桓魋)의 공격으로 살해될 뻔하기도 했다. 덕행으로 이름 높은 애제자 안회가 떠나고, 충직하고 의리 있던 자로도 위(衛)나라 내란에 참여해 세상을 떠났다. 그뿐인가. 아들 리(鯉)마저 먼저 떠나보내는 참척의 고통을 겪었다. 무수한 사람과 만나고 헤어졌다.

부국강병(富國强兵)의 깃발을 치켜세운 위정자들은 공자의 말에 귀를 기울이지 않았다. "안 될 줄 알면서도 하는 사람"이라는 말도 들었다. 그러나 사람들과 함께 세상을 바꾸고 싶었던 공자는 안주하지 않는 삶을 선택했고, 끊임없이 자신의 길을 걸어가려고 했다. 그런데 대체 무엇이 이토록 공자를 지치지 않고 길을 걸어가도록 이끈 것일까? 그것은 바로 천명(天命)에 대한 자각이었다. 공자는 노년에 인생을 돌아보며 오십에 천명을 깨달았다고 고백했다. 그에게는 "아침에 도를 들으면 저녁에 죽어도 좋다"라고 할 만큼 세상에 바른 길[道]이 열리기를 바라는 열망이 있었다. 그런 열망이 그에게는 천명으로 다가왔고, 그를 모국 노나라를 떠나 14년이나 세상을 돌아다니게 한 힘이 되었다.

　　숱한 정치적 좌절과 실패에도 공자는 스스로를 배우기를 좋아해서 "분발해 먹는 것조차 잊고, 즐거워 근심을 잊어, 늙어가는 것도 모른다"라고 할 만큼 호학의 인간이었다. 공자는 불안과 폭력의 시대, 사람다움의 무늬[人文]가 그려지는 세계를 꿈꾸었다. 폭력과 무력이 아닌 문화와 학문으로 사람이 변화될 수 있음을 믿었기에 사람이 길을 넓힐 수 있다는 믿음을 품고, 사람다움과 평화[仁]가 공존하는 세계를 갈망하며 뚜벅뚜벅 길을 걸어갔다.

　　이처럼 쉼 없이 길을 걸어온 공자. 공자는 흐르는 냇물을 바라보며 어떤 감회에 사로잡혔던 것일까. 그 감회가 시간의 무상(無常)함에 대한 탄식 혹은 감탄인지는 알 길이 없다. 공자가 감회의 까닭을

덧붙이지 않았기 때문일까. 가리사니를 잡았다 싶은 후학들은 주석을 달기 시작했다. 누군가는 비판도 했다. 공자는 돌이킬 수 없는 시간을 탄식했을 뿐인데, 학자들이 더 알기 어렵게 만들었다! 그러나 선어(禪語)와 같은 공자의 탄사는 뒷사람의 마음무늬에 작지 않은 파장을 일으켜놓았다.

그렇다면 후학들은 '천상지탄'(川上之嘆)이라는 화두를 어떻게 풀어냈을까? 후한(後漢)의 경학자 정현(鄭玄)은 공자가 자신이 등용되지 못한 불우한 처지를 상심한 것으로 보았고, 육조시대(六朝時代) 동진(東晉)의 문인 손작(孫綽)은 도가 실현되지 못한 현실을 공자가 근심하여 탄식한 것으로 풀었다. 일본의 중문학자 요시카와 코오지로(吉川幸次郎)가 지적했듯 후한에서 육조시대까지는 희망보다는 절망과 안타까움의 정서가 투영된 듯하다. 그러나 사대부(士大夫)의 시대라고 하는 송대(宋代)에 이르자 해석이 사뭇 달라졌다.

'주자학'으로 알려진 남송(南宋)의 학자 주희(朱熹)는 '천상지탄'을 마주하고 생각을 거듭하다, 무릎을 쳤다. "옛날에는 공자의 이 말씀을 탄식으로 읽었지. 그런데, 내가 아무리 읽어봐도 이건 탄식이 아니야. 쉼 없이 흘러가는 물처럼 공부하고 연마하여 나아가라는 말씀이 아닌가!" 주희는 가뭇없이 흘러간 시간 속에 노쇠해버린 공자의 탄식으로 읽어내지 않았다. 주희는 흐르는 냇물에서 천지의 무궁한 변화를 발견하고, 쉼 없는 자연의 운행이 도의 본래 모습임을 보았기 때문이다. 끊임없는 천지의 변화 속에서 인간도 끊임없이 전진해간다. 주희는 '천상지탄'을 학문의 길에 중단이 없기를 권면한 말로 풀었다.

다산 정약용에게도 이 구절은 풀어야 할 숙제였다. 공자가 말한 '지나가는 것'이란 무엇을 가리키는 것일까? 다산은 잘라 말한다. "지나가는 것(逝者)이 무엇을 의미하는지 모두 분명하게 말하지 않았다. 지나가는 것은 인생(人生)이다." 그런데 궁금증이 생긴다. 다산은 왜 '인생'이라고 풀었을까? 다산은 어떤 자신감으로 공자의 이 말을 선유들도 제대로 풀어내지 못했다며 '인생'이라고 해석한 것일까?

다산에 따르면 우리의 생명은 한 걸음 한 걸음 긴 여정을 걸어가는 동안 한순간도 멈출 때가 없다. 마치 가벼운 수레를 타고 비탈길을 내려가는데 거침없이 굴러가 멈출 수 없는 것과 같다. 현상을 있는 그대로 보려는 다산의 눈길이 깊고 서늘하다. 다산은 무엇을 말하고 싶은 것일까? 다산의 결론은 이렇다. "군자가 덕을 증진하고 학문을 닦는 것(進德修業)은 때를 놓치지 않아야 하는데 공부하는 사람들이 항상 이러한 기틀을 망각하여 공자가 경계한 것이다."

공자의 '천상지탄'을 지나가버린 시간에 대한 애상과 불우한 현실에 등용되지 못한 탄식으로, 혹은 끊임없이 배움을 진전시키길 힘쓰라는 간곡한 권면으로, 아니면 시간을 아껴 때를 놓치지 말고 진덕수업하라는 경계로 받아들이든, 시간은 우리의 의지와 무관하게 흐르는 물처럼 쉼 없이 흘러갈 것이다. 여기서 누구의 풀이가 더 맞는지는 그다지 중요하지 않을 듯하다.

'천상지탄'의 풀이들을 톺아보며 몇 가지 물음이 떠오른다. 어쩌면 공자는 흐르는 물처럼 안주하지 않았던 자신의 인생을 반추한 것은 아닐까? 그리고 냇가에서 끊임없이 흘러가는 물을 바라보는 공자의 마음에는 쉼 없는 자연의 운행 앞에 놀람과 경이가 차올랐던 것은 아닐까? 공자는 말로 표현하기는 어려우나 흐르는 물을 바라보며 생의 어떤 힘과 혜안을 얻은 것은 아닐까?

쉼 없이 흐르는 물은 성서에서 생명과 정화, 재생의 의미로 드러난다. 유한한 인간이 재생되어 또 다른 시간을 경험하도록 이끌어주는 원천이다. 그리스도인은 물리적인 시간, 계산 가능한 시간으로만 인생을 살아가지는 않는다. 그리스도인은 하나님의 시간에 자신을 맞추어 살아간다. 『그리스도를 본받아』에서 토마스 아 켐피스는 "그리스도의 말씀을 완전하고도 지혜롭게 이해하기 원하는 사람은, 자신의 온 삶을 그분께 맞추어 형성해나가야 한다"라고 말했다. 그리스도인은 자신의 뜻이 아니라 그리스도의 뜻을 이 땅에서 살아내도록 부름 받은 존재다. 시간은 원래 하나님의 것이 아니었던가. 시간은 성스러운 것이었고, 사람들에게 성스러움의 경험을 선물로 안겨주었다. 그러나 시간에서 생명이 빠져나가자 시간은 돈으로 환산되었고, 돈으로 살 수 없는 사람의 고유한 가치는 '몸값'으로 재량되었다. 가치(value)보다 값(price)으로 일상을 재단하는 자본주의 경제시스템 속에서 그리스도인은 삶의 성사(聖事)를 어떻게 희망할 수 있을까?

　새해의 달력을 보고, 공자의 '천상지탄'을 읽으며 그리스도인의 삶이 어떠해야 하는가를 묵상한다. 하루하루가 달력의 숫자로 환원되는 시간이 아니라 하나님의 함께하심을 경험하는 시간이 되길 소망한다. 그리스도인은 유한한 존재로서 이 땅에서 살아간다. 그러나 무한하신 하나님의 시간을 느끼고, 그분 안에서 생명을 경험하며 그 생명을 이웃과 나누며 살아가는 것을 자신의 몫(命)으로 삼는다. 그러기에 자신의 소유에 집착하지 않고 끊임없이 나누며, 흐르는 물처럼 길을 떠나야 하는 '하늘 나그네'다. 그러므로 그리스도인은 "누구든지 손에 쟁기를 잡고 뒤를 돌아보는 사람은 하나님 나라에 합당하지 않다"(눅 9:62)라고 하신 주의 말씀을 가슴에 품고 살아가는 존재다.

　새해를 맞이한다. 흐르는 물에서 시간의 흐름과 인생의 의미를 돌아보고, 유한한 삶의 시간에서 우리에게 '영원한 생명'을 주신 주님께 감사하며 새해를 기쁜 마음으로 환대하고 싶다.

2장

추운 겨울에 만난 사람

歲 세
寒 한
松 송
柏 백

선생님께서 말씀하셨다. 날이 추워진 뒤에야 소나무와 측백나무가 시들지 않는다는 것을 알게 된다.

子曰 歲寒然後, 知松柏之後彫也.

— 『논어』 「자한」(子罕)

공자와 제자들은 남방의 대국 초(楚)로 이동 중이었다. 모국 노나라를 떠난 뒤 10여 년 긴 여정이 이제 끝나는 걸까. 초의 초빙을 받았다는 사실에 제자들은 마음이 들떴다. 공자도 고무된 감정을 숨기지 않았다. 마지막 정치의 뜻을 펼칠 수 있을까. 희망을 품고 제자들과 걸음을 옮겼다. 그간의 굴곡 많은 행로에 드디어 마침표를 찍는 걸까.

그런데 호사다마라 했던가. 공자학단이 초나라로 향한다는 정보에 진(陳), 채(蔡)의 위정자들은 긴장했다. 강대국 초에 공자학단의 힘이 실리면 주변국 진과 채는 압박을 받을 것이 분명했다. 마침내 진과 채는 공동전선을 펼치기로 했다. 공자학단의 초국행을 저지하기로 결정한 두 나라는 정규군을 투입했다. 이는 개인이나 다른 집단이 가한 위협과 달랐다. 국가가 정규군을 급파해 공문집단을 포위한 것이다. 공자와 제자들은 그 어느 때보다 가장 큰 위기를 맞게 되었다.

진과 채의 정규군에 포위된 공자와 제자들은 며칠 만에 양식이 바닥났다. 장거리 이동을 위해 비축해둔 식량도 떨어졌다. 제자들 사이에서 원성이 터져 나왔다. 동문들을 다독이던 맏형 자로도 마침내 발끈했다. "선생님! 군자도 이 지경까지 이릅니까?" 여차하면 진·채의 군대와 최후의 결전이라도 할 것 같은 기세였다. 굽이굽이 오랜 험로, 앞길이 보이지 않는 막막한 순간에도 스승의 마음을 헤아려온 자로가 아닌가. 여북하면 저럴까. 공자도 자로의 마음을 모르지 않았다.

그러나 견뎌야 할 때가 있다. 공자는 정색하고 단호하게 말했다. "군자는… 본래 궁한 법!"(君子固窮). 자로는 아연했다. 안색이 굳어졌다. 군자는 원래 궁하다고? 도대체 무슨 말씀인가? 우리를 어디까지 몰아가시려는 거지? 자로의 일그러진 얼굴을 본 공자는 덧붙였다. "그러나… 소인은 처한 형편이 나빠지면 평소 지켜온 도리도 죄다 내다버리고 함부로 행동하지!" 공자는 더 이상 말을 잇지 않았다. 자로 자네라면 내 말을 이해하겠지…. 후세 사람들은 공자의 이 말을 "군자는 곤궁한 상황(窮)을 지킨다(固)"로도 풀이했다. 그렇다면 공자는 때로 바닥을 떠나지 않고 지켜야 할 때가 있음을 말한 것은 아닐까?

어느 겨울, 공자는 길을 걷다 눈 덮인 송백(松柏)에 유독 눈길이 갔다. 무성했던 잎을 떨군 겨울나무. 송백이 겨울을 맞이하는 모습을 보며 공자는 만감이 오갔다. 봄이 가고 여름이 오고, 가을이 어제인가 싶더니 겨울이다. 송백의 가지에 쌓인 눈을 털어내었다. 눈발이 후드득 꽃잎처럼 떨어졌다. 설경(雪景) 속의 송백 앞에 서니 추운 시절을 함께해온 사람들과 제자들이 떠올랐다. 동고동락했지만 뜻하지 않게 헤어지거나 길을 달리해 떠난 이들이 있었다. 그때마다 공자는 마음을 다독이곤 했다. '그래, 다 자기의 길을 찾아가는 것이겠지. 그래도 뜻을 같이한 이들과 울력으로 지금까지 길을 만들어올 수 있지 않았는가.' 다만 공자는 힘든 시절 도와준 이들을 찾지 못한 회한에 가슴이 시려왔다.

　1840년. 6차례의 고문, 36대의 곤장…. 그해 가을과 겨울은 추사(秋史) 김정희(金正喜)에게 치욕의 날들이었다. 온몸에 가해진 모진 고문과 곤장에도 자신의 몸을 돌볼 겨를도 없이 제주도 유배 길에 올라야 했다. 그런데 유배지에서 처음 맞은 겨울, 추사에게 둘도 없는 벗 황산(黃山) 김유근(金逌根)의 느닷없는 부고가 날아들었다. 두 해 뒤 11월에는 두 번째 부인 예안(禮安) 이씨마저 세상을 떠났다. 추사는 모든 것을 잃은 듯했다. 모진 고문으로 만신창이가 된 심신을 채 추스르지도 못했는데 가장 사랑했던 사람들이 차례로 떠나갔다. 정적들의 모함에 원망과 분노로 가득 찬 추사의 마음. 그 마음에 독이 쌓이지 않도록 위무해준 지기와 아내…. 추사는 어떻게 이 시절을 견디었을까.

　1844년 어느 날, 추사는 책 보따리를 급하게 풀었다. 멀리 연경(燕京)에서 제자 우선(藕船) 이상적(李尙迪)이 보내온 하장령(賀長齡)의 『황조경세문편』(皇朝經世文編)을 서둘러 확인하고 싶었기 때문이다. 70권이 넘는 방대한 분량의 책. 얼마나 기다렸던가. 책을 펼쳐 한 장 한 장 넘겼다. 우선은 유배 전에도 역관(譯官)으로 고생을 마다하지 않고 연경에서 책을 구해 보내왔다. 추사의 말대로 우선이 어렵게 구해 보내준 책들은 "모두 세상에 늘 있는 것"이 아니라 "천만리 먼 곳에서 사오고 여러 해에 걸쳐 얻은 것"이었다. 우선은 유배 후 추사에게 등을 돌린 이들과 달랐다. 그는 신변의 위협을 무릅쓰고 책을 보내오고 있었다. '바다 밖의 초췌하게 말라서 몰락한 사람'이라 자조(自嘲)한 추사의 눈시울이 조금씩 붉어졌다.

추사는 제주도 유배 후 공자가 세한송백(歲寒松柏)을 말한 구절이 마음에서 떠나지 않았다. 유배 전에는 무심히 지나쳤던 말에 왜 이렇게 가슴이 먹먹해지는가. 공자의 마음은 어떠했을까. 그의 불우(不遇)에 자신의 가혹한 운명이 겹쳐졌다. 공자는 왜 송백 앞에 멈추어 서서 송백이 뒤늦게 시든다고 했는가. 훗날 학자들은 뒤늦게 시든다는 것은 시들지 않음을 뜻한다고 했다. 추사는 이어붙인 거친 종이에 마음속에 맴돌던 송백을 갈필로 그려갔다. 허름하기 짝이 없는 집 한 채를 무늬처럼 새겨 넣었다. 미동도 없는 화면에 천천히 나무 네 그루가 채워졌다. 그림을 다 그린 추사는 굳센 붓끝으로 발문(跋文)을 써내려갔다.

"태사공(사마천)이 『사기』(史記)에 이르기를 '권세와 이익으로 합친 자들은 그 권세와 이익이 다하면 사귐이 시들해진다'고 했네. … 성인이 특별히 일컬었던 것은 단지 늦게 시드는 곧은 지조와 굳은 절개 때문만이 아니라, 또한 날이 추울 때 감동한 바가 있었기 때문일 것일세. 아! 서한(西漢)의 순박했던 시절에 급암(汲黯)이나 정당시(鄭當時) 같이 훌륭한 사람들도 찾아오는 빈객의 수가 늘기도 하고 줄기도 했네. 심지어 하비(下邳)의 적공(翟公)이 문 앞에 방(榜: 한번 죽었다 한번 살아남에 사귀는 마음을 알게 되고, 한번 가난해지고

24

한번 부유해짐에 사귀는 태도를 알게 되고, 한번 귀해지고 한번 천해짐에 사귀는 심정을 알 수 있다)을 써 붙였던 일은 박절함이 지극했던 것이니, 슬프구나! 완당 노인이 쓰다."

우선은 무릎을 꿇고 스승 추사가 보낸 세한도(歲寒圖) 한 폭을 천천히 펼쳤다. 움막 같은 집 한 채, 나무 네 그루. 황량하기 이를 데 없는 풍경. 스승의 마음을 보는 것 같았다. 발문을 다 읽고 난 우선은 참았던 눈물을 쏟고 말았다. 추사는 우선을 만나 추운 날을 견뎠고, 우선은 이해관계로 물든 만남〔市交〕이 아닌 진정한 마음의 만남〔神交〕을 깨닫게 되었다.

그리스도인은 예수를 만난 사람이다. 주님은 우리가 바닥에 내려가 세상으로부터 버려졌을 때, 외로움으로 몸부림칠 때 찾아와주셨다. 그리고 변함없는 친구가 되어주셨다. 우리는 그분을 통해 세상에서 병들고 다친 자, 상처 입고 소외된 자와 함께해야 함을 알게 되었다. 그리스도인은 이웃의 아픔을 내 아픔으로 느낀다. 가난하고 헐벗은 자들을 당신의 품 안으로 감싸주신 주님의 마음을 자신의 마음으로 삼는다. 주님은 자신이 의인인 줄 모르는 의인에게 이렇게 말씀하신다. "내가 주릴 때에 너희가 먹을 것을 주었고 목마를 때에 마시게 하였고 나그네 되었을 때에 영접하였고, 벗었을 때에 옷을 입혔고 병들었을 때에 돌아보았고 옥에 갇혔을 때에 와서 보았느니라"(마 25:35-36).

묵묵히 한결같은 마음으로 믿어준 사람이 그리워진다. 그리스도인은 바로 그런 사람이어야 하지 않을까. 추운 겨울(歲寒)을 지켜주신 주님을 생각하며 그분의 은총 안에서 만난 은인(恩人)들을 기억한다. 추사에게 우선은 송백 같은 사람이었다. 그리스도인도 세상에서 송백 같은 존재여야 하지 않을까. 그리스도인의 삶은 어떠해야 하는가 생각하게 되는 계절이다. 문득 몸과 마음이 얼어붙었던 겨울을 말없이 덥혀준 분들의 얼굴이 떠오른다.

3장

사람들과 함께 길을 걸어가다

人_인 能_능 弘_홍 道_도

선생님께서 말씀하셨다. 사람이 도를 넓혀 크게 하는 것이지 도가
사람을 넓혀 크게 하는 것이 아니다.

子曰 人能弘道, 非道弘人.

—『논어』「위령공」(衛靈公)

노(魯)나라 정공(定公) 13년, 기원전 497년. 이때 공자의 나이 55세. 모국 노나라 집권자들에게 크게 실망한 공자는 떠날 행장을 차렸다. 자신의 뜻을 펼치지 못한 아쉬움에 쉬이 발길이 떨어지지 않았다. 공자는 위(衛)나라 행을 결심했다. 영공(靈公)의 위인이 줏대가 없고 일관성이 부족하긴 해도 인재를 적재적소에 등용한다고 들었다. 참소를 일삼는 간신들이 있다는 소문이 마음에 걸렸지만 거백옥(蘧伯玉) 같은 훌륭한 인물이 있으니 기대를 걸었다.

위나라에 도착한 공자는 한 대부(大夫)의 도움으로 제자들과 유숙할 거처를 마련했다. 행장을 푼 공자는 자신과 제자들의 앞날을 그려보았다. 미래에 대한 불안이 없지 않았지만 새로운 희망도 차올랐다. 그러나 전혀 예기치 못한 일이 공자를 기다리고 있었다. 처음에는 순조로운 듯했다. 영공은 국정에 참여할 수 있는 직책을 맡기지는 않았지만 비교적 후한 봉록으로 공자를 대우했다. 한데 위나라에 오자마자 높은 봉록을 받게 된 게 화근이었다. 이를 질시한 관리가 공자를 참소하는 사건이 벌어지고 만 것이다.

결국 공자는 얼마 뒤 위나라를 떠났다. 광(匡) 땅에서 죽을 고비를 넘긴 뒤 이듬해 다시 위나라로 돌아왔다. 그러나 그 사이 위나라 왕실은 왕위 계승과 관련된 분란에 시달리고 있었다. 공자가 국정에 참여할 수 있는 상황이 아니었다. 거백옥의 집에 머물며 정세를 살피는 날들이 계속되었다. "정말로 나를 등용해주는 자가 있다면 1년이면 나라의 기강을 바로잡을 수 있고, 3년이면 성취를 보여줄

텐데!"라며 자신감을 내비치곤 했던 공자였지만 중용될 기미가 보이지 않자 초조감이 일어났다. 그래서일까. 노래도 부르고 악기를 연주하며 마음을 다독이고 싶었다. 모국을 떠날 때 가져온 악기 경쇠[磬]가 생각났다. 경쇠를 두드려 연주하기 시작했다. 한참 연주를 하는데 밖에서 말소리가 들려왔다.

"아직도 세상에 마음이 있구나, 경쇠를 두드리는 소리여!" 누굴까, 공자는 궁금했지만 악기를 끝까지 연주했다. 연주가 끝나자 또 이런 소리가 들리는 게 아닌가. "비루하다. 깽깽거리는 소리여! 알아주는 이가 없으면 그만둘 일이지. 물이 깊으면 옷 벗고 건너고, 물이 얕으면 바지 걷고 건넌다고 하는 말도 모르는가?" 삼태기를 멘 자는 들어보라는 듯 목소리를 높였다. 공자는 직감했다. "이 사람, 보통사람이 아니로구나. 『시』(詩)를 끌어와 나를 빗대고 있다니!" 공자는 목소리의 주인공을 확인하려 급히 밖으로 나왔다. 그러나 삼태기를 멘 자는 시야에서 이미 멀어져가고 있었다. "저이는 세상을 너무 쉽게 버리는구나! 그런 거야 나도 하려면 어렵지 않지!"

위나라에서 뜻을 펼치지 못한 공자는 제자들과 함께 다시 길을 떠났다. 여러 나라를 주유하다 초(楚)나라에서 채(蔡)나라로 향하던 도중 큰 강에 이르게 되었다. 강을 건너야 했다. 나루터가 어디 있을까. 공자는 수레를 멈추고 주위를 둘러보았다. 농부 둘이 밭을 갈고 있었다. 장저(長沮)와 걸닉(桀溺)이라는 은자(隱者)들이었다.

"유(자로), 자네가 어서 가서 나루터가 어디 있는지 물어보게." 자로는 지체 없이 두 농부에게 달려갔다. 장저는 밭 갈기를 멈추고 공자의 수레를 물끄러미 바라보고 있었다. 자로가 오자 대뜸 물었다.

"저기 고삐를 잡고 있는 사람은 누구시오?"

"공구라는 분입니다."

"아, 그 노나라의 공구란 사람 말이오?"

"그렇습니다."

"그라면 나루터를 알고 있을 거요."

자로가 걸닉에게 다시 나루터를 물었다. 그러자 걸닉은 오히려 이렇게 물었다.

"당신은 그럼 누구시오?"

"중유라고 합니다."

"노나라 공구의 제자 말이오?"

"그렇습니다."

나루터나 어딘지 알려줄 것이지, 왜 이리 묻는 게 많은가. 연장자로 보여 예의를 갖췄지만 불쾌했다. 그런데 걸닉이 안타깝다는 표정을 지으며 이렇게 말하는 게 아닌가.

"저기 저 강물을 보시오. 도도하게 강물은 흘러가오. 온 세상이 모두 이런데, 누구와 함께 세상을 바꾸겠소? 그대는 사람을 피하는 사람을 따르느니 차라리 세상을 피하는 우리와 같은 사람을 따르는 편이 낫지 않겠소?"

자로는 무심히 밭을 가는 두 사람을 뒤로 한 채 곧장 스승에게 이들의 말을 전했다. 자로의 말을 다 듣고 나자 공자는 씁쓸했다. 그들의 말에도 수긍할 만한 점은 있었다. 그 자신도 세상이 길을 잃었다고 탄식하지 않았던가. 그러나 공자는 장저와 걸닉이 자신과 처지가 다름을 절감했다. 길이 다르면 함께 갈 수는 없겠지…. 공자는 자로와 제자들의 면면을 바라보았다. 그러고는 입을 열었다.

"나는 산림 속에 들어가 날짐승, 들짐승들과는 함께 살 수는 없네! 내가 사람들과 함께하지 않고 누구와 함께한단 말인가? 세상에 도가 있다면 내가 이렇게 세상을 바꾸려 하지도 않을 걸세!"

진흙탕 같은 현실, 그래도 이 세상에서 뒹굴며 살아가야지. 홀로 고고하게 살려면 얼마든지 그럴 수 있었다. 초(楚)나라에서는 광인(狂人) 접여(接輿)가 "그만둘지어다, 그만둘지어다. 오늘날 정치에 종사하는 것은 위태로운 일이니!"라며 공자를 비판했다. 한편 노나라 석문(石門)의 성문지기 신문(晨門)은 공자를 "안 될 줄 알면서도 하는 사람"이라고 했다. 그의 말 속에는 공자에 대한 경외와 안타까움이 섞여 있었다.

공자도 은자를 존중했다. 그러나 그는 세상 속으로 들어왔고, 세상을 벗어나려고 하지 않았다. 동아시아에서 진정한 은자(大隱)는 시은(市隱)이라고 했다. 저자거리(市)에 살며 함께 뒹굴고 밥 먹고 길을 걸어가는 사람. 성인(聖人)은 세상에서 사람들과 함께 살아갈 때 참으로 성인이 되는 것이 아닐까. 어떤 의미에서 그는 인간의 고뇌를 가장 깊이 체험해본 자가 아닐까. 인간의 고뇌와 고통을 깊이 체험하였기에 마침내 하늘의 소리를 들었던 것은 아닐까. 인간의 깊은 심연을 들여다보았기에 대지의 진흙탕을 벗어나 자신의 고결함만을 추구하려들지 않고, 사람들과 희로애락하며 더불어 사는 삶을 살아간 사람. 사람의 일을 다 하고, 하늘의 명을 기다릴 줄 아는 사람. 그가 바로 참된 성인이 아닐까.

예수는 늘 사람들과 함께 있었다. 제자들은 예수의 삶을 따르려고 했다. 물론 모든 제자가 그분의 가르침에 충실한 것은 아니었다. 예수는 "나를 따르라" 결단을 요구하면서도 정죄하지 않았다. "우리를 반대하지 않는 자는 우리를 위하는 자니라" 하며 끌어안았다. 바리새인들은 그분을 "먹고 마시기를 탐하는 자", "세리와 죄인의 친구"라고 조롱했다. 또 어떤 이들은 "무리를 미혹하게 하는 자"라고 비방했다. "너도 갈릴리에서 왔느냐"며 출신마저 들먹이며 배척하기도 했다. 그러나 예수를 깎아내리려 한 이런 말들이 외려 그분의 참 모습을 보여주는 것은 아닐까? 예수는 바리새인들의 시선에 아랑곳하지 않았다. 창녀와 세리, 세상에서 버려진 사람들과 함께 밥을 먹었고, 그들의 초대를 기쁘게 받아들였다. 그들과 함께하지 않는 '하나님 나라'는 상상할 수 없었다.

기도하러 산에 올라가신 주님은 내려오시면 사람들과 어울렸다. 이러한 주님의 모습을 고독과 연대라고 말할 수 있을까. 주님은 사람들 안에서 당신을 나타내고, 사람들을 통해 진리가 드러나길 바라셨다. 사람을 향한 희망의 줄을 놓지 않으셨다. 희망이 없다면 세상의 밤은 얼마나 캄캄할 것인가. 오늘 우리가 가스러지고 인색해진 까닭은 사람에 대해 실망을 넘어 절망했기 때문이다.

그러나 주님은 사람들이 일상 속에서 서로 함께함을 보고 희망을 발견하셨다. 게르하르트 로핑크는 『예수는 어떤 공동체를 원했나』(분도)에서 바울 서신에 나타나는 '서로'라는 뜻의 상호대명사 '알렐론'(αλληλων)에 주목한다. "서로 사랑하라", "서로 합심하라", "서로 남의 짐을 져주라", "서로 덕을 세우라", "서로 화목하라", "서로 용서하라", "서로 겸손하라". 일상 언어에서 '서로'란 말은 너무도 익숙해 새로울 것이 없어 보인다. 하지만 신앙공동체를 이루어 세상에 빛과 소금이 되길 바라시는 주님의 뜻을 생각하니 이 조그만 낱말이 새삼 각별한 울림으로 다가온다.

주님이 사람들과 함께 이루고자 하신 '하나님 나라'는 어떤 곳일까? 그 나라는 멀리 있는 어떤 곳이 아니라 사람들이 '서로' 하나님의 형상을 발견하고 회복할 때 도래하는 일상의 자리일 것이다. 힘들고 가파른 시대. "서로 사랑하라" 하신 주님의 말씀과 이 땅에서 함께 살아가는 사람들의 소중함을 가슴에 새기며, 봄날, 주님과 동행 속에 이루어갈 새로운 길(道)을 꿈꾸어본다.

4장

곡을 하고 노래 부르지 않다

哭 _곡
則 _즉
不 _불
歌 _가

선생님께서는 상을 당한 사람 곁에서 식사할 적에 배불리 잡숫지 않으셨다. 선생님께서는 이날에 곡을 하고 노래 부르지 않았다.

子食於有喪者之側. 未嘗飽也. 子於是日, 哭則不歌.

— 『논어』 「술이」(述而)

갑작스런 부음에 공자는 예복을 갖춰 입고 집을 나섰다. 제자들 몇 몇도 뒤따랐다. 친분이 두터운 사람은 아니었지만, 서로 인사 정도 는 나누는 사이였다. 그런데 그가 갑자기 세상을 떠났다. 자로가 언 젠가 죽음에 대해 물었을 때도 "삶도 모르는데 어떻게 죽음을 알겠 는가?"(未知生, 焉知死)라 할 만큼 공자는 삶에 충실하길 원했다. 이 세계 너머의 존재를 공경하되 거리를 두려고(敬鬼神而遠之) 했다. 그러나 공자가 죽음과 삶 너머의 세계에 무감한 것은 아니었다. 공 자에게 죽음은 결코 멀리 있지 않았다.

공자는 부친의 얼굴을 알지 못했다. 세 살 때 떠난 부친의 모습 은 희미할 뿐이었다. 다만 어머니를 떠나보낸 기억은 시간이 흐를 수록 또렷했다. 어머니가 돌아가시자 공자는 아버지의 묘를 찾아야 했다. 생전에 어머니가 아버지의 묏자리를 알려주지 않았기 때문이 다. 청년 공자의 형편을 안쓰러워한 어느 할머님이 조용히 귀띔했 다. "방산(防山)에 가면 자네 부친 묏자리가 있을 거야." 공자는 할 머니가 알려준 곳으로 가 부친의 묘를 찾아냈다. 어머니를 부친과 합장했다. 그는 어머니의 묘를 아버지와 합장하면서 동네 사람들이 베풀어준 후의를 잊지 않았다. 이웃은 공자의 슬픔을 함께 위무해 주었다.

상가에 이른 공자는 제자들과 함께 예를 표하고 상주를 만나 인 사했다. 상주의 얼굴이 앳되어 보였다. 문상객을 맞는 인척의 안내 로 빈객의 자리에 앉은 공자는 천천히 수저를 들었다. 상주의 초췌

한 모습을 바라보았다. 밥이 넘어가지 않았다. 상주는 나이가 어렸다. 스물은 넘지 않은 듯했다. 17세에 어머니를 잃은 자신의 지난날이 떠올랐다.

누군가의 마음속에 공자의 문상과 애도의 모습이 담겼던 것일까. 그의 마음에 들어온 공자는 큰 목소리를 내지 않았다. 타인의 아픈 자리에 숙연히 함께했다. 애도의 시간, 공자는 먹는 것을 자제했고, 자신이 즐기던 노래도 부르지 않았다. 훗날 사람들은 이 구절을 사랑했다. 말을 삼가고 타인의 아픔에 함께하는 공자의 마음을 가슴 깊이 느꼈기 때문이다.

이러한 공자의 마음은 그가 이 세상에 이루고 싶었던 인(仁)이 어떤 것인가를 일깨운다. 학자들은 그가 말한 인이 무엇인가를 알아내려고 힘을 쏟았다. 사랑, 평화, 사람다움, 만물일체…. 하지만 인은 그렇게 규정되어야 할 개념인가. 개념이란 세상을 바라보는 창일 뿐이다. 개념을 알면 개념의 대상은 이미 개념에 갇혀버리는 게 아닐까. 학자들의 숱한 논의를 가볍게 보자는 건 아니다. 그러나 인은 어떤 개념으로도 가둘 수 없을 것이다.

공자의 이러한 마음을 맹자는 '측은지심'(惻隱之心)으로 새겼다. 측은지심은 인이 살아 있음을 알리는 실마리〔仁之端〕가 되었다. 맹자는 전국시대(戰國時代), 글자 그대로 싸우는 나라들의 시대, 전쟁과 폭력의 시대를 살았다. 청동기에서 철기로 농기구가 변화되면서 토지 생산력이 증대되었다. 토지 사유화가 진전되고, 상업경제가 발달하면서 도시의 발달을 가져왔다. 춘추시대 평지에서 싸우던 전차전은 보병전으로 바뀌었다. 전쟁 기간도 장기화되었다. 전쟁 규모도 그만큼 확대되었다. 수십만에서 1백만 명 이상의 군대가 동원되는 대규모 전쟁으로 변했다.

그뿐인가? 권력과 지위를 차지하려고 자식을 삶아 요리로 바치는 자가 있었다. 제후인 부친이 죽자 아들들은 권력 투쟁에 사로잡혀 부친의 시신을 장례를 치르지 않고 방치했다. 부패한 시신에 구더기가 들끓었다. 혹한 속 전쟁터에 나간 아들에게 어머니가 지어보낸 겨울 솜옷이 도착했을 때, 아들은 이미 싸늘한 주검으로 변해버렸다. 사지가 잘린 채 고향으로 돌아온 이들이 늘어났다. 발을 잘라내는 형벌이 만연해 의족(義足) 값이 치솟았다. 잔인한 형벌로 백성들은 공포에 떨어야 했다. 곳곳에서 유민들이 생겨났다. 논밭을 갈던 농민들의 손에 병기가 들렸다. 그들은 끊임없이 전장으로 내몰렸다. 사람이 사람으로 여겨지지 않았다. 타인의 아픔에 아파할 줄 모르는 자들이 불어났다. 사서(史書)는 그들을 '잔인한 자'〔忍人〕라고 기록했다. 공감능력을 상실한 제후들은 부국강병을 명분으로 경제력과 군사력 증강에 혈안이 되어갔다. 맹자는 패권을 다투는 제후들이 마음을 바꾸지 않으면 대량학살이 일어날 것이라는 두려움에 휩싸였다.

그런데 맹자는 이처럼 전장이 되어가는 현실에서 이렇게 말했다. "사람들은 모두 다른 사람의 고통을 차마 내버려두지 못하는 마음〔不忍人之心〕을 간직하고 있다!" 정말 그런가? 그것을 어떻게 알수 있는가? 맹자는 예를 든다. 어떤 사람이 갑자기 어린아이가 우물쪽으로 기어가서 빠질지 모르는 장면〔孺子入井〕을 보게 되었다고 하자. 그 순간 그의 가슴은 깜짝 놀라 가엽고 불쌍히 여기는 마음으로 가득차지 않을까? 그런데 이런 마음이 생겨난 까닭은 아이를 구해 내어 아이 부모와 어떤 친분을 맺으려 하거나, 마을 사람과 친구들의 칭찬을 받으려고 한 것도 아니며, 아이를 구하지 않았다는 비난을 듣기 싫어서도 아니다. 이로 미루어보면 사람은 누구나 측은지심을 품고 있다. 그러니 측은지심이 없다면 사람이 아니다!〔無惻隱之心, 非人也〕.

신학자 기타모리 가조는 『하나님의 아픔의 신학』(새물결플러스)에서 이웃의 아픔을 보고서도 아픈 듯한 모습을 한 채 "실제로는 호기심으로 그 아픔을 엿보고 가는 것"이야말로 "죽음을 받을 만한 죄"라고 비판한다. 모든 것이 시각적으로 재구성되는 자본주의 사회에서 매체는 진실을 은폐하기 쉽다. 우리는 타인의 고통을 편집된 영상으로 '엿보고 가는' 것에 익숙해졌다. 마침내 고통당하는 사람과 사건은 보는 자의 호기심을 채워주는 수단으로 전락한다. 수전 손택이 『타인의 고통』에서 아프게 지적한 대로 "고통받는 육체가 찍힌 사진을 보려는 욕망은 나체가 찍힌 사진을 보려는 욕망만큼 강렬한 것"일까?

다른 사람의 아픔을 내 아픔으로 느끼지 못한다면 우리 삶은 얼마나 삭막할 것인가. "기뻐하는 사람과 함께 기뻐하고 우는 사람과 함께 우십시오"(롬 12:15)라고 한 사도 바울의 말은 늘 가슴을 울린다. 그러나 우리는 '나' 아닌 다른 사람의 고통을 얼마나 함께 느끼고 아파할 수 있을까. 기타모리 가조의 고언대로 "우는 자와 함께 진실하게 울고 타자의 아픔을 자기의 아픔과 같은 절실함으로 느끼는 것은" 불가능한 것이 아닐까. 누구도 고통을 당하는 사람만큼 고통을 느낄 수는 없다. 인간은 유한하고 연약한 존재다. 자신의 고통에는 아주 작은 것에도 민감하지만 타인의 큰 고통에는 눈감을 적이 얼마나 많은가.

그러나 해마다 사람들을 구하려다 자신의 목숨을 잃고, 소외된 이웃의 짐을 나누고 덜어준 분들의 이야기가 끊이지 않는다. 냉랭한 마음에 조금씩 온기가 돈다. 남의 아픔을 내 아픔으로 가슴 깊이 느끼는 측은지심을 통해 인이 여전히 살아 숨 쉼을 경험한다. 북송 때의 사상가 정호(程顥)가 의서(醫書)에 손과 발이 마비가 된 것을 불인으로 표현한다면서 "인이란 천지만물을 한 몸으로 여기므로 자기 아닌 것이 없다."(仁者, 以天地萬物爲一體, 莫非己也)라 한 말이 결코 허언이 아님을 확인하게 된다.

예수께서 우리를 제자로 부르신 것 또한 이 세상의 아픔에 동참하길 원하셨기 때문이 아닐까. 우리가 고통을 겪는 이웃과 함께할 수 있다면 이는 우리의 능력이 아니라 우리를 사랑하신 주님을 통해 우리가 그리스도 예수 안에서 "함께 한 몸"(엡 3:6)임을 경험한 때문이 아닐까. 작가 박완서가 『한 말씀만 하소서』(솔)에서 적은대로 한 사람의 죽음이 "그에게 속한 모든 것, 사랑과 기쁨, 고통과 슬픔, 체험과 인식 등, 아무하고도 닮지 않은 따라서 아무하고도 뒤바뀔 수 없는 그만의 소중하고도 고유한 세계의 소멸"을 뜻한다면 한 생명을 천하보다 귀히 여기신 주님께 한 사람의 고통과 죽음은 얼마나 무겁고 큰 것이었을까.

우리 곁에 몸만 아니라 마음과 영혼의 고통으로 숨죽여 우는 이들이 얼마나 많은가. 자신의 말을 들어줄 이들이 없기에 고통 받는 이들은 또 얼마나 많은가. 이웃의 아픔과 고통을 함께하는 측은지심이 없는 위로의 말은 상처와 폭력이 된다. 아무런 말씀을 하시지 못한 채 나사로의 죽음 앞에 사람들이 우는 것을 보시고 "마음이 비통하여 괴로워"하신 주님은 "눈물을 흘리셨다"(요 15:35). 나사로를 살리시기 전 흘리신 주님의 그 눈물이 사람들의 아픈 마음을 먼저 어루만지고 치유했으리라. 그분의 눈물로 얼마나 많은 이가 새로운 삶을 얻고 회복되었을까. 눈물이 마른 시대, 주님이 흘리신 눈물을 생각한다.

5장

세상 사람 모두가 형제자매

四海兄弟
사해형제

사마우가 근심하며 말했다. "사람들은 누구나 형제가 있는데, 나만 없습니다." 그러자 자하가 말했다. "나는 이런 말을 들어 알고 있지 요. 죽음과 삶에는 명이 있고, 부유함과 귀함은 하늘에 달려 있다는 말을. 군자가 경건하여 과오가 없고, 다른 사람에게 공손하고 예를 지킨다면, 사해 안 사람들이 모두 형제일 것입니다. 그러니 군자가 어찌 형제가 없는 것을 근심하겠습니까?"

司馬牛憂曰 人皆有兄弟. 我獨亡. 子夏曰 商聞之矣. 死生有命, 富貴在天. 君子敬而無失, 與人恭而有禮, 四海之內, 皆兄弟也. 君子何患乎無兄弟也.

— 『논어』 「안연」(顏淵)

사마우(司馬牛)가 어느 날 자하를 찾아왔다. "그간 격조했는데 어떻게 지내셨습니까?" 자하가 사마우를 반기며 물었다. 사마우는 자하가 자리를 권하자 않자마자 한숨을 내쉬었다.

"다른 사람들은 다 형제가 있는데 나만 없습니다."

자하는 사마우가 뜬금없이 건넨 말에 의아해 물었다.

"그게 무슨 말씀인지요?"

"제가 한번은 선생님(공자)께 이렇게 여쭈어본 적이 있죠. '근심하지 않고 두려워하지 않으면 군자라고 할 수 있습니까? 그러자 선생님이 말씀하시더군요. '자네가 마음속을 살펴 부끄러움이 없으면, 무엇을 근심하고 무엇을 두려워하겠는가?'"

자하는 사마우의 말을 조용히 듣고 있었다. 문득 인자는 근심하지 않고 용기 있는 자는 두려워하지 않는다고 한 선생님의 말씀도 떠올랐다. 사마우가 근심하는 까닭은 무엇일까. 혹 송나라에서 내란을 일으키고 악한으로 소문난 형 사마환퇴(司馬桓魋) 때문이 아닐까. 그 점을 조심스레 물었다. 사마우는 고개를 끄덕였다. "선생님은 그때 근심하고 두려워하는 제 심경을 헤아려 격려해주셨던 것 같습니다."

사마환퇴는 공자를 곤경에 빠트리기도 했다. 송나라로 가는 길, 큰 나무 아래에서 제자들에게 예를 강론하던 공자에게 나무를 뽑아 위협하며 죽이려 한 일이 있었던 것이다. 이런 형이니 '나만 형제가 없다'고 한 사마우의 탄식도 이해할 만했다. 물론 형이 죽고 나서

토로한 말일지도 모른다. 어느 쪽이든 사마우는 형제관계가 원만했던 것 같지는 않다. 형의 존재는 그에게 늘 무거운 짐이었음이 분명하다. 그런 사마우의 마음을 살핀 자하는 스승에게 들은 말을 꺼냈다.

"죽음과 삶에는 정해진 명이 있고, 부유해지고 귀하게 됨에는 때로 우리의 힘이 미치지 못하는 부분이 있습니다. 당신 형의 문제도 당신이 감당할 수 없는 것이 있습니다. 그러니 형제가 없다는 것을 왜 근심합니까. 경건하여 과오를 없애고, 다른 사람과 관계에서 삼감을 잃지 않으며 사람다운 삶의 길을 지켜간다면 근심할 것이 없지 않겠습니까. 외롭지 않을 것입니다. 우리 선생님도 '덕을 간직한 사람은 외롭지 않다, 반드시 이웃이 있다'(德不孤, 必有隣)고 하셨죠. 그러니 당신만 형제가 없다고 하지 마십시오. 정말 형제가 없는 것은 뜻을 같이하는 사람(同志)이 없을 때입니다. 혈연으로 묶인 이들이 늘 행복한 건 아닙니다. 형제간 권력투쟁과 분쟁을 보십시오. 형제가 남만 못하다고 하지 않습니까. 가장 가까운 동기 간이 등지고 원수가 되는 경우가 얼마나 많은가요."

자하는 고대문화와 역사에 정통한 인물. 고대국가의 흥망성쇠와 전통문화(禮)에 밝은 만큼 현실사회의 그늘 또한 응시하고 있었다. 자하는 스승 공자의 평소 말씀을 곱새기며, 그 가르침을 따르고자 했다. 수심어린 사마우에게 무슨 말을 해야 할까 곰곰 생각했다. 신중한 자하는 말을 급히 내지 않고 스승에게 들은 말을 짧지만 간곡하게 전했다.

누구나 형제 사이에 사랑과 우애가 깃들기를 바란다. 형제란 부모로부터 같은 기운을 받아[同氣] 태어났다는 혈육이라는 이름으로 어울린다. 그러나 성장과 분가의 길에서 유년의 기억은 옅어지고 불화와 반목으로 서로에게 상처를 주고 입는다. 형제간 화목을 바라지 않는 부모가 없겠지만 형제란 어느 순간 이해(利害)의 갈림길에서 갈라진다. 그러니 제가(齊家)란 얼마나 힘든 일인가. 전란과 분열의 남북조시대(南北朝時代)를 살았던 문인학자 안지추(顔之推, 531~591)도 『안씨가훈』(顔氏家訓)「형제」에서 "성장해서 각각 처자식이 생기게 되면, 비록 인품이 중후한 사람이라도 형제간의 우애는 다소 덜해질 수밖에 없다"라고 지적했다.

누군가 공자에게 이렇게 물었다. "선생님은 왜 정치를 하지 않으십니까?" 그러자 공자는 이렇게 답했다. "『서』(書)에 '오, 효로구나 효도와 형제간의 우애를 정사에 적용한다'라고 했습니다. 이 또한 정치하는 것이니, 어찌 당신이 생각하는 것만을 정치라 할 수 있겠습니까?" 공자에게는 가족(가정)도 정치의 영역이자, 부모와의 관계, 형제간 우애가 형성되어야 할 장소다. 그러나 이러한 상호존중의 예가 지켜지지 않는다면 가정은 안온한 품이 아니라 폭력과 살해가 일어나는 진원지가 아닐까!

동아시아 사회는 고대부터 끊임없는 전란으로 가족의 이산과 해체를 겪어야 했다. 이산과 해체에 대한 불안과 두려움은 가족을 든든한 끈이자 울타리라는 관념 안에 갇히게 했다. 그 때문일까. '가족주의'는 타자에게 관대하지 못한 흔적을 남기기도 했다. 당송대 이후로 가훈(家訓), 가범(家範), 가규(家規)가 발달한 까닭은, 이전에 전란과 재난으로 흩어졌던 가족과 친족을 결속시켜야 할 현실의 요청 때문이었다.

그러나 당말오대(唐末五代)의 전란이 수습된 북송시대, 사상가 장재(張載)는 「서명」(西銘)을 통해 혈연으로 묶인 가족이 아닌 '우주 가족'의 예를 한편의 시처럼 표현한다. 그가 보기에 세상 사람들은 모두 한 가족이다.

하늘을 아버지라 하고 땅을 어머니라 한다. 나는 그 자식으로서 이 작은 몸이 그 가운데 혼연히 서 있다. 그러므로 하늘과 땅에 가득 찬 기운이 내 몸을 이루고, 하늘과 땅을 이끄는 이치가 내 본성을 이룬다. 나아가 백성은 나와 같은 어머니 배[民吾同胞]에서 나왔으며, 그 밖의 모든 것도 나와 더불어 사는 것이다[物吾與也].

그에 따르면 사람은 하늘과 땅에서 정신과 몸을 받아 태어났다. 다른 모든 존재도 마찬가지다. 자연과 인간은 본래 같은 구조[天人合一]로 되어 있으며 만물은 존재의 연속성 안에 놓여 있다. 여기엔 하나의 개체가 자신을 넘어서 다른 모든 존재를 사랑해야 한다는 깨달음이 드러난다. 무엇보다 유학(儒學)이 가족이라는 울타리를 훌쩍 뛰어넘는 풍경이 오롯하다.

48

『예기』(禮記)「예운」(禮運)에서는 세상 사람들이 가족을 넘어서 차별 없이 공존하는 '대동'(大同)의 이상을 내세웠다. 이를 더욱 확대한 근대 중국의 캉여우웨이(康有爲)는 『대동서』(大同書)에서 혈연을 넘어선 공동체에 대한 지향을 또렷하게 드러내었다. 그는 '인간이 세상에서 느끼는 고통'(入世界觀衆苦)을 지적하면서 이 모든 고통의 근원은 아홉 가지 차별(九界)이 존재하기 때문이라고 결론짓는다. 그중 가계(家界)는 부자, 부부, 형제를 사유물로 취급하기에 이를 타파해야 한다고 주장했다. 급진적인 듯 보이나 가족을 고통과 남녀불평등의 온상으로 지목한 점에 고개가 끄덕여진다.

주님은 "누구든지 하나님의 뜻을 행하는 사람이 곧 내 형제요 자매요 어머니"(막 3:35)라고 말씀하셨다. 하나님의 자녀는 "혈통에서나, 육정에서나 사람의 뜻에서 나지 아니하고, 하나님에게서"(요 1:13) 났기 때문이다. 바울은 "누구든지 자기 친척 특히 가족을 돌보지 않으면, 믿음을 저버린 사람이요, 믿지 않는 사람보다 더 나쁜 사람"(딤전 5:8)이라 하면서도 "여러분은 모두 그 믿음으로 말미암아 그리스도 예수 안에서 하나님의 자녀들입니다. 유대사람도 그리스 사람도 없으며 종도 자유인도 없으며 남자와 여자가 없습니다. 여러분 모두가 그리스도 예수 안에서 하나이기 때문"(갈 3:26, 28)이라고 했다.

유학에서 경과 공, 예를 통해 자신을 넘어서 타인과 공존하며 사람이 지켜야 할 길을 지키는 이들이 형제자매라면, 그리스도 안에서 '하나님의 뜻'(θέλημα)을 살아내려는 사람들은 모두 형제자매가 아닐까. 그것이 '제자'의 길이 아닐까. 제자란 혈연을 넘어 하나님 안에서 그분의 뜻을 실천하는 사람들이다. 주님은 하나님의 뜻을 행하는 자가 형제자매라고 하셨다. 주님은 혈육을 소홀히 하지는 않았지만 하나님의 뜻을 따르려는 자를 제자로 부르셨다. 우리는 제자가 되므로 주님 안에서 서로를 형제자매로 부른다. 그러니 형제를 넘어선 형제가 바로 제자가 아닐까. 자신과 타인에 대한 존중과 공감, 차이의 인정과 연대가 형제의 참된 뜻이 아닐까.

경과 공, 예에는 사람들이 서로의 차이를 받아들이고 존중하며 공감하는 마음태도가 담겨 있다. 사해형제란, 전체 속에 함몰되어 각자의 차이를 돌아보지 않는 하나 됨이 아니다. 거기엔 서로의 다름과 차이를 존중하는 세계에 대한 희망이 담겨 있다.

오늘도 '우리' 가족, 식구, 형제, 자매라는 이름 아래 방치되거나 은폐된 채 신음하는 폭력의 희생자들이 너무도 많다. 세상 곳곳에서 그치지 않는 분쟁과 폭력을 생각할수록 주님이 말씀하신 '형제자매'의 뜻이 더욱 절실한 시간이다.

6장

공동체를 회복하는 힘

爲_위 政_정 以_이 德_덕

선생님께서 말씀하셨다. 정치를 덕으로 하는 것은 비유하면 북극성이 제자리에 머물러 있고 뭇별이 그리로 향하는 것과 같다.

子曰 爲政以德, 譬如北辰, 居其所而衆星共之.

—『논어』「위정」(爲政)

깊어가는 봄 밤, 공자는 뜰을 거닐다 하늘을 바라보았다. 무수한 별들이 쏟아질 듯했다. 공자는 유심히 별들의 운행을 응시했다. 북극성 주위로 뭇별이 움직이는 광경이 또렷하게 시야에 들어왔다. 해마다 밤하늘에 펼쳐지는 장관에 감탄하곤 했지만, 공자는 이즈음 별들이 빚어내는 아름다운 조화에 새삼 경이로움을 느꼈다. 문득 공자는 그가 도래하길 희망한 이상적인 정치를 그려보았다.

"그래, 덕에 의한 정치란 북극성은 제자리를 지키고 있는데, 뭇별이 그리로 향하는 것과 같을 게야."

곁에서 조용히 스승의 말을 듣고 있던 한 제자가 여쭈었다.

"선생님 무슨 뜻인지요?"

공자는 제자의 물음에 흐뭇한 미소를 띠었다.

"정치하는 사람 자신이 바르면 명령하지 않아도 행해지고, 그 사람이 바르지 않으면 명령하더라도 따르지 않는다네."

"솔선수범하라는 말씀이지요?"

"그렇지, 북극성이 가만히 제자리를 지키고 있다는 것은 아무 일도 하지 않는다는 것이 아니라네. 그 자리에서 자신의 할 바를 부지런히 수행하고, 사적인 욕망을 다스리고 있기에 나라가 다스려지는 거라네. 북극성과 뭇별이 모두 각자 제 자리를 지키고 있다고도 볼 수 있지. 마치 나라 일을 맡은 자들이 자기의 일에 한마음으로 집중하는 것과 같다고 할까. 지도자의 자리는 무거운 것이네. 백성의 신뢰를 잃으면 나라는 존립할 수 없는 법이지."

공자는 모국 노나라의 내정에 참여하고, 여러 나라를 돌아다니는 동안 정치란 어떠해야 할까, 어떻게 해야 세상이 더 나은 길을 찾아갈 수 있을까, 사람을 움직이는 근원적인 힘은 무엇일까 물으며 답을 얻고자 했다. 국정이 혼란했던 노나라에서 태어난 공자는 젊은 날부터 이 물음을 안고 살았다. 그는 강제력과 무력만으로는 사람을 움직일 수 없음을 깨달았다. 그렇다면 무엇이 사람을 움직이고 공동체를 오래도록 지속하게 하는 힘일까? 이러한 모색의 길에서 공자는 마침내 '덕'(德)에 주목하게 되었다. 덕은 그에게 사람이 무엇으로 움직이고, 왜 움직이는지를 생각하도록 이끄는 풍요한 사유의 샘물이 되었다. 덕은 보이지 않지만 있다. 덕이란 힘이다. 공자에게 덕은 무력과 강제력이 아니라 사람을 끌어당겨, 자발적인 판단과 행동으로 이끄는 힘으로 다가왔다.

공자는 제후들을 만나고 국정을 관찰하면서 형벌과 제도의 한계를 절감했다. 그에 따르면 형벌과 제도는 일시적으로 사람들을 움직일 뿐, "덕과 예로 이끌 때라야 사람들은 내면에서 부끄러워 할 줄 알게 되고 바른 데로 나아가게 된다." 그 결과는 덕에 의한 감화와 변화(德化)로 나타난다.

갑골문(甲骨文)을 보면 덕(德)이란 글자는 원래 눈을 크게 뜨고 살피다, 감시하다, 감찰하다라는 뜻을 품고 있었다. '측량 막대로 도로가 직선으로 바르게 놓였는지 살피는 모양'을 형상화한 덕은 초기에 내면이 아니라 영토를 대상으로 직무를 제대로 수행하는지 살피는 행위와 관련되었다. 또한 곧을 직(直) 자와 마음 심(心) 자가 합해져 '곧은 마음'으로도 풀이되는데, 덕이 정치적 힘(political power)만 아니라 보이지 않는 내면의 힘으로 의미가 확장되어가는 것을 엿볼 수 있다. 나아가 덕을 얻음〔得〕이라 한 해석에 따르면, 덕은 노력을 통해 획득된 능력을 의미한다. 그리고 반복되는 노력으로 얻어진 결과가 어디에 놓이는가에 따라 덕은 덕행 또는 덕성으로 드러난다.

오늘 일상에서 덕이라는 낱말에서 경험하는 맥락도 이와 크게 다르지 않다. 덕망, 덕택, 덕분, 인덕, 후덕 등에 숨 쉬는 덕은 위력이나 강제력과는 대립해 있다. 사람과 사람 사이에는 늘 힘이 작용한다. 그 힘은 보이는 억압이나 제압으로, 때로는 사소한 말투와 눈짓, 손짓으로 나타난다. 내가 어떤 장소와 위계 안에 놓여 있는가에 따라 모든 몸짓말들은 다르게 해석된다. 우리의 삶은 그 코드를 해독하는 데에 마음과 시간을 소모하고, 내면을 검열하는 데에 지쳐간다. 사람은 누구나 살아가는 동안 권력의 장에서 자유롭기 어렵다.

고대 동아시아 사회는 제후국들 사이에서 덕과 무력·폭력〔力〕의 긴장과 대립이 가중되고 있었다. 무력과 폭력으로 일상이 전장이 되어가기 시작한 현실, 공자는 정벌과 전쟁이 결코 평화를 가져올 수 없음을 일깨우려고 했다. 사회적 복지와 구원〔博施濟衆〕을 기획한 공자에게 정치란 지배와 피지배라는 가시적인 권력관계에서만 이루어지는 것은 아니었다. 그에게 정치란 일상의 영역으로 내

려와 가정에까지 이르는 넓은 영역을 아울렀다. 어쩌면 우리 일상
이 정치가 실현되는 장소라고 해야 할까. 공자에게 정치란 왜곡되
고 조화가 깨진 삶을 바로잡아 회복하는 실천이었기 때문이다(政
者, 正也).

　권력이 폭력으로 바뀌지 않으려면 끊임없는 자기 수양과 성찰
못지않게 주위 사람들의 충고와 조언, 비판에 마음을 열어둬야 한
다. 권력을 얻었을 때, 어떠한 마음으로 임하려고 했는지 처음 뜻[初
志]을 잊어서는 안 된다. 이 점에서 당왕조의 기초를 놓고, '정관의
치세'(貞觀之治)를 이룬 당태종(唐太宗) 이세민(李世民)과 신하들의
대화는 놀랍기만 하다. 사학자 오긍(吳兢)의 『정관정요』(貞觀政要)
는 당태종이 신화들과 남긴 납간(納諫)의 예를 이렇게 기록해놓고
있다.

　정관 8년 태종이 신하들에게 말했다.

　"항상 간언하는 자의 말이 나의 생각과 일치하지 않아도 그가
나에게 대들었다고는 생각하지 않겠소. 만일 그 즉시 질책한다면
의견을 말하는 사람은 전전긍긍하며 내심 두려워할 것이니 어떤 사
람이 감히 다시 말을 할 수 있겠소?"

　이처럼 군신 간에 거리낌 없는 간언의 분위기를 만들었던 그도
치세 말기로 접어들자 신하들로부터 뼈아픈 직언을 듣게 된다. 그
런데 그 직언은 당태종이 자신의 과실을 듣고 싶다며 먼저 자청한
것이다. 높은 자리에 오를수록 아집이 강해지는 법. 그러나 당태종

은 자신의 허물을 바로잡겠다고 그 자리에서 기약한다.

정관 18년 태종이 신하들에게 말했다.

"나는 나의 과실을 듣고 싶으니 허심탄회하게 말해주시오."

"폐하께서는 항상 공경들과 문제를 토론하거나 상소를 올리는 자가 있을 경우 폐하의 생각과 부합하지 않으면 때로 면전에서 질책을 하십니다. 이러면 모두 수치스러워 물러나게 됩니다. 이것은 직언을 유도하는 방법이 아닐 것입니다."

태종이 말했다.

"나 역시 이런 질책을 후회하고 있소. 내 이 점을 바로 고치겠소."

신하를 자신을 비추는 거울로 생각한 당태종은 기거주(起居注)라는 관직을 두어 그의 언행을 기록하게 했다. 형제를 살해하고 권력을 취한 도덕적 부채에서 자유롭지 못했기에 바른 정치를 통해 그 짐을 풀려고 했는지 모른다. 하지만 직간과 충언을 받아들여 과오를 바로잡아가려 한 그의 노력은 어느 시대든 갑(甲)의 자리에 있는 자들이 본받아야 할 자세가 아닐까! 물론 권력의 오용과 남용은 때로 권력에 저항하지 않고 침묵한 자들이 만들어냈다는 아픈 사실도 기억해야 할 것이다.

덕에 의한 정치란, 공동체, 일상생활에서 서로의 인격을 존중하는 삶의 양식(樣式)을 배우고 가꾸어가는 데에서 시작한다. 인간으로서 존엄성과 품위를 지키는 길을 보여준『삶의 격』(은행나무)에서 페터 비에리(Peter Bieri)는 사람은 누군가의 욕망을 충족시켜주는 수단이 아니라 "존재 자체가 목적이 되는 사람"으로 받아들여지고 싶어 한다고 했다. 사람은 자신이 존중받는 경험을 할 때 다른 사람을 위한 마음의 공간도 넓어진다.

이 세상은 성자만 살아가는 곳이 아니다. 어느 한 사람에게 과도한 도덕을 강제하거나 성자가 되라고 요구할 수는 없다. 엘리자베스 퀴블러 로스가 『인생수업』(이레)에서 지적한 대로 "우리 내면에는 히틀러와 간디가 같이 살고" 있기 때문이다. 이런 모순의 공존을 받아들이고 직시하되, 내 안의 그림자를 자기보다 힘없고 약한 자에게 쏟아내는 일이 없도록 해야 한다. 우리는 누구에게도 감정노동을 강제할 수 없으며 모멸과 굴욕을 겪게 할 권리가 없다. 누구나 자신도 모르는 사이 누군가에게 폭력을 행사할 수 있음을 잊지 말아야 한다.

로마제국의 폭정, 거룩함과 정결의 이름으로 차별과 배제의 벽을 쌓아가던 이스라엘 문화 속에서 예수의 삶은 어떤 정치 강령보다 더욱 강렬한 정치적 변화를 가져온 힘이었다. 예수는 정치에 참여하지는 않았지만 세상을 움직이는 근원적인 힘이 무엇인가를 몸소 보여주셨다. 기존의 체제를 비판했던 주님의 분노와 사랑의 힘은 가난하고 소외된 약자들의 마음을 흔들어 움직였고, 마침내 삶과 일상, 세상을 바꾸어갔다〔德化〕. 보이는 힘만이 세상을 움직인다고 믿었던 자들에게 보이지 않는 힘이 세상에 변화를 가져올 수 있음을 주님은 당신의 삶과 죽음을 통해 나타내셨다. 제도가 바뀌어도 사람이 바뀌지 않는다면 공동체는 오래 지속될 수 없다. 권력과 재물이 권세가 되어 일상을 지배하는 세상에서 주님은 오늘 우리에게 무엇이 먼저 변화되어야 하는가를 일깨워 독려하신다.

7장

쉼의 미학

申_신 申_신 天_요 天_요

선생님께서 한가로이 쉬실 적엔 해맑고 환하였다.

子之燕居, 申申如也, 天天如也

— 『논어』 「술이」(述而)

"날이 덥구나…." 여름날, 공자는 홑겹의 갈옷을 입고 잠시 한가를 얻어 밖으로 나왔다. 후덥지근한 열기가 몸속으로 스며들었다. 그래도 바람이 간간히 불어오면 자신도 모르게 미소가 번졌다. 공자는 모처럼 공무와 강학을 쉬고 홀로 호젓한 시간을 마련한 때문인지 얼굴이 펴지고 몸도 편안해짐을 느꼈다. 긴장이 풀린 때문일까. 음악도 연주하고, 노래도 부르고 싶은 마음이 솟아올랐다. 그런데 오늘만큼은 아무것도 하지 않고 심신을 풀어놓고 싶었다. 공자는 나무 그늘 아래로 걸음을 옮겼다.

제자들은 누구나 처음에 공문에 들어오면 선생님께 인사드리고 엄격한 가르침을 받으며 자신들을 단속해야 하는 줄 알았다. 물론 공자는 고대문화, 사람다운 행실, 진실함과 신뢰[文行忠信] 등 네 가지를 부지런히 가르쳤다. 무엇보다 학문 사랑[好學]만큼은 어느 누구에게도 양보하지 않는다고 한 공자가 아닌가! 그는 인(仁)을 실천하는 데에는 스승에게 양보하지 않는다 한 만큼 제자들이 자신을 넘어서길 바랐다. 학문의 진전이 엿보이면 칭찬하고, 스스로 한계를 그으면 꾸짖고, 공부에 여념이 없어야 할 시간에 낮잠 자면 호되게 질책했다. 제자를 향한 뜨거운 사랑을 간직한 선생이었다.

"선생님은 말이야, 어린 시절부터 마을에서도 장유(長幼)의 예를 잘 지키셨지. 종묘와 조정에서는 할 말씀은 분명히 하셨지만 반드시 삼가셨고. 대부들과 말을 나눌 때도 반듯하고 모자람 없이 예를 다하셨지. 왕궁 대문을 들어가실 적엔 몸을 웅크린 듯 하셨다고

해. 대궐로 올라가실 적엔 옷자락을 여며 쥐고 몸은 숙이신 채 호흡을 멈추니 숨 쉬지 않으신 듯했지. 조정을 나오셔서야 얼굴을 환하게 펴셨다고 하시더군."

공문에 들어온 지 얼마 지나지 않은 제자들은 선배들의 말에 기가 잔뜩 눌렸다. 공무와 학문 전수 사이에서 부지런한 분, 학문의 즐거움으로 잡숫는 것도 근심도 잊어버리곤 한다는 선생님에 대한 소문이야 익히 들어오던 터였다. 용기를 내어 공문에 들어왔지만 혹 잘못 들어온 건 아닌지 걱정이 쌓였다. 그런데 잠시도 쉼이 없는 분처럼 여겼던 선생님이 집에서 쉬고, 홀로 소요하고 산책하는 모습을 본 것이다.

어떻게 쉬는가를 보면 그가 어떤 사람인가를 알 수 있지 않을까. 공자에게 쉼은 자신의 마음을 기르고 자신과 만나는 시간이었다. 그는 일중독자가 결코 아니었다. 사람들은 그에게서 따듯하되 엄격하고, 위엄이 있되 사납지 않으며 공손하되 사람들을 편안하게 함을 경험했다. 그런 공자였기에 "나는 노인을 편안하게 해드리고, 친구를 미덥게 하고, 젊은이들을 품어주고 싶다"고 했다. 그러니 쉼은 공자 자신만 아니라 이웃을 위한 자리를 마련하게 한 게 아닐까.

극도로 혼란한 진(晉)-송(宋) 왕조의 교체기를 살았던 도연명 (陶淵明, 365~427)은 스스로 농사를 지으며 한적한 삶을 살기를 꿈꾸다 41세에 "오랫동안 새장 안에 갇혀 있다가 다시 자연으로 돌아와"(「歸園田居」) 만년을 보냈다. 이러한 그의 삶은 타고난 본성과 시대에 대한 저항의 의미도 있었다. 그래서 곤궁함을 참으며 누추한 집이나마 금(琴)과 책을 두고 즐거움을 누리고자 했다. 그를 얽어매었던 정치의 세계에서 물러나 귀거래(歸去來)를 실현한 그에게 자연의 풍경은 새로운 의미를 띠며 다가왔다.

"남산 아래 콩을 심었더니 풀만 무성하고 콩싹은 드문드문. 새벽에 일어나 거친 밭 김매고 달빛 받으며 호미 메고 돌아온다. … 오랫동안 산수유람에서 멀어져 있었으나 이제 드넓은 수풀과 들판에 마음은 즐겁구나."

고향의 자연으로 돌아온 도연명은 "고요하고 말이 적으며 명예나 이익을 구하지 않았다. 책 읽기를 좋아하나 깊이 따지려고 하지 않았고, 매번 자신의 마음과 맞아떨어지면 기뻐서 밥 먹는 것조차 잊어버렸다"(「五柳先生傳」). 그는 고향으로 돌아와 자연 안에서 쉼을 얻고 스스로를 회복하는 시간을 보내며 지난 생을 돌아보았다. 그는 자연 속에서 자신의 마음과 참 모습을 본 것이다.

쉼 속에 얻는 고요한 마음은 사람과 사물을 있는 그대로 보도록 이끈다. 자신만 아니라 타인을 향한 폭력적인 시선을 거두게 한다. 우리는 소음과 소란 속에서는 마음의 안정을 얻지 못한다. 분요는 마음을 흩뜨려 사물과 사람의 본래 모습을 볼 수 없게 하고, 왜곡한다. 우리는 일상과 일, 만나는 사람에게 마음을 다하기가 어려운 시대에 살아간다. 짧은 시간에 너무도 많은 일을 한꺼번에 빠르게 처리하도록 강요받는다. 신경증의 한 질환인 정보피로증후군은 그 결과다. 다른 사람과 나눌 마음자리가 좁아든다. 쉼이 없기 때문이다. 무엇이 우리의 쉼을 빼앗아간 것일까. 일과 쉼이 선순환을 그리는 삶을 누구나 동경한다. 우리는 과연 제대로 쉬고 있는 것일까.

아브라함 요수아 헤셸은 『안식』(복있는사람)에서 물질세계에 예속되지 않고 살려면, 내적인 해방을 얻기 위해 싸워야 한다고 했다. 그는 말한다. 사람의 지배와 사물의 지배로부터 벗어나지 않으면 내적인 해방을 쟁취할 수 없다고. 왜냐하면 "고도의 정치적 해방과 사회적 해방을 쟁취한 사람은 많지만, 사물의 노예가 되지 않은 사람은 극소수에 불과"하기 때문이다.

한병철은 『투명사회』(문학과지성사)에서 현대사회는 성과의 원리가 놀이마저 일로 만들어버렸다고 비판한다. 우리의 일상을 지배하는 디지털 기기는 모든 시간을 일의 시간으로 만들었으며 마침내 우리는 "모두가 일터를 몸에 지니고" 다니게 되었다. 그 결과 노동이 완전히 중단된 데에서 시작하는 다른 시간으로서의 한가로움도 사라지게 되었다.

철학자 김영민에 따르면 "도시의 일상은 소음을 먹고 산다. … 연약한 몸의 소리와 인문(人文/人紋)의 소리들은 삼켜버리고 소음만을 토해내는 기계들이 우리의 일상이 되었다"(『산책과 자본주의』, 늘봄). 그래서 그는 자본제적 삶의 체제에 대한 저항과 그것과의 창의적 불화를 드러내는 '어떤 빈터의 체험'으로서 산책(散策), 물신(物神)이 일상의 곳곳을 점유한 오늘, "자본제적 교환의 바깥으로

외출하도록 돕는" 어떤 삶의 양식이자 실천으로서 산책을 제시한 것일까. 그렇다면 쉼이란 자본제적 시스템에 대한 저항의 한 방식이 아닐까. 시스템의 노예가 되지 않기 위한, 인간으로서 존엄성을 지키기 위한 삶의 실천이 아닐까. 우리의 시간을 박탈해간 시스템으로부터 우리의 시간을 회복하려는 노력이 아닐까.

몸과 마음이 쉼 없는 빠름과 속도에 길들여진다면 어떻게 될까. 봄날에 한창 얼굴을 내민 꽃들, 여름이 빚어내는 수목(樹木)의 풍요 앞에서도 놀라워할 줄 모른다. 우리는 사물의 있는 그대로의 모습, 사람의 마음을 있는 그대로 느끼고 바라보지 못한다. 나의 욕망을 타자에게 투사한다. 타자는 사물로 전락하고 도구가 된다. 우리는 회색 도시가 재단한 시간과 공간에 갇혀 있다. 마음에 여유가 없고 바쁠 때, 우리는 자연과 이웃, 자신의 변화를 깨닫지 못한다. 그저 무뎌져 물기 없는 하루하루를 보낼 뿐이다. 어떻게 하면 마음의 조급함과 어지러움 때문에 돌아보지 못한 자신과 세계를 마주할 수 있을까.

장자(莊子)가 말한 대로 마음이 비워지면 고요해지고 마음이 고요해지면 사물의 구속으로부터 자유로워지는 것일까. 아니면 주돈이(周敦頤)의 말대로 욕심이 없어지면〔無欲〕 마음의 고요함〔靜〕이 찾아오는 것일까. 맑은 거울과 흔들리지 않는 물이 사물을 있는 그대로 비추듯 마음이 고요해지면 사물을 있는 그대로 보고 느끼며 생명의 신비에 마음눈을 뜨게 될까. 이러한 마음 상태는 고요함을

위한 고요함에서가 아니라 자신과 세계의 실상을 응시하는 데에서
찾아오는 것은 아닐까. 파스칼은 『팡세』에서 "영원한 휴식은 죽음
뿐"이라고 적어놓았지만, 우리는 어디에서 쉼을 얻을 수 있을까. 삶
의 시간 동안 우리가 누릴 쉼과 평안의 시간은 얼마나 될 것인가.

　예수께서는 고단한 삶의 현장에서 버둥대는 이들을 부르셨다.
주님의 빈 곳은 사람들이 들어설 자리를 마련했다. 다른 이들과 자
신을 구별 짓지 않으시고, 함께 먹고 마시고 울고 웃고 하신 분이기
에 사람들은 주님께로 다가갔다. 스스로 오랜 시간 육신의 노동을
겪었던 주님은 사람들의 짐을 덜어주고자 하셨다. 그래서 "수고하
며 무거운 짐을 진 사람은 모두 내게로 오라. 내가 너희를 쉬게 하겠
다. 나는 마음이 온유하고 겸손하니, 내 멍에를 메고 나한테 배워라.
그리하면 너희는 마음에 쉼을 얻을 것이다. 내 멍에는 편하고 내 짐
은 가볍다"(마 11:28-30)라고 하셨고, 주님의 가르침을 전하다 돌아
온 사도들에게 "외딴 곳으로 와서 좀 쉬어라"(막 6:31) 권하셨다.
　외딴 곳, 한적한 곳이란 어디일까. 주님은 왜 그들에게 외딴 곳
으로 가라 한 것일까. 보이는 삶, 노출된 삶의 버거움을 내려놓고
잠시라도 쉼을 얻어 자신을 돌보라는 말씀이 아닐까. 주님이 말씀
하신 '쉼'(αναπαυω)이란 무엇일까? '쉼'의 헬라어 뜻에 무한히 상승
하려는 욕망과의 단절이란 의미가 있음을 생각하면, 우리에게 '쉼'
이란 세상이 추구하는 욕망을 내려놓고 주님에게로 돌아감을 뜻하

는 것은 아닐까. 그리스도인의 참 쉼과 평안은 세상의 근심 걱정을 피함에서 오는 것이 아니라 주님을 향한 온전한 믿음과 값없이 주시는 은총에서 오는 것이 아닐까.

주님은 우리가 짊어진 무거운 짐을 내려놓고 당신께로 와서 쉬기를 청하셨다. 주님은 우리를 참 쉼으로 인도하신다. 그리하여 주님의 멍에를 메고 배우며 따르려고 했던 아우구스티누스가 "당신은 우리를 당신을 향해서 살도록 창조하셨으므로 우리 마음이 당신 안에서 쉴 때까지는 안식을 얻지 못합니다"(『고백록』, 대한기독교서회)라고 토로한 고백은 우리의 고백이기도 하다. 주님이 주시는 평안과 평화는 세상이 주는 것과 같지 않음(요 14:27)을 믿기에 우리는 오늘도 무거운 짐을 내려놓고 쉼을 얻는다.

8장

공자의 기도

丘 구
之 지
禱 도
久 구

선생님께서 큰 병이 드셨다. 자로가 기도드리길 청했다. 선생님께서 말씀하셨다. (예법을 다룬 책에 병자를 위해 산천에 기도하는) 그런 경우가 있던가? 자로가 말했다. 있더군요. 뇌문에 '그대를 상하신명에게 기도한다'고 했습니다. 그러자 선생님께서 말씀하셨다. 그런 기도라면 내 기도한 지 오래되었다.

子疾病. 子路請禱. 子曰 有諸? 子路對曰, 有之. 誄曰, '禱爾于上下神祇.' 子曰, 丘之禱久矣.

—『논어』「술이」(述而)

자로는 마음이 다급해졌다. 선생님이 원하지 않겠지만 지푸라기라도 잡고 싶은 심정이었다. 때로 허방 짚어 질책도 듣지만 과단성 있는 자로가 아닌가. 선생님의 병이 낫기만 한다면…. 자로의 머릿속에 천지신명에게 비는 뇌문(만사誄詞)이 떠올랐다. 자로는 공자의 안색을 살핀 후 곧장 말씀을 올렸다. "선생님… 산천(山川)에 기도를 드리려고 합니다." 공자는 자로에게 고마웠다. 주변에 무슨 일이 생기면 늘 사방팔방으로 알아보고 해결하려 한 자로. 왜 공자라고 초자연적인 존재의 힘을 상상하지 않았겠는가. 그러나 공자는 산천에 기도하길 바라지 않았다. 그는 평소에 명의 길고 짧음은 사람이 어찌할 수 없는 것, 힘이 닿지 않는 영역이라 믿었기 때문이다.

유한한 인간은 운명에 관심을 갖지 않을 수 없다. 고대 동아시아인들은 자연의 재해, 공동체의 동요와 해체로 절망적인 무력감이 팽배해갔다. 당연하게도 하늘의 뜻을 알고 싶어 했다. 그것은 땅을 딛고 살아가는 자들의 보편적인 바람인지 모른다. 갑골문이 탄생한 까닭이 여기에 있다. 거북이 배딱지와 소 어깨뼈 등에 새겨진 문자들은 고대 동아시아인들이 하늘의 뜻을 물은 흔적이었다. 조상신, 자연신, 상제 그리고 천(天) 등 인간을 넘어선 존재에 대한 믿음은 흔들리기도 하고 견고해지기도 하면서 언제나 사람들 삶 속에 넘실댔다. 세계는 평온하지 않았다. 혼돈과 분열이 이어졌다. 천명은 일정하지 않은 듯했다. 천명은 고정되어 있지 않다〔天命靡常〕는 자각이 일어났다. 하늘을 움직이는 힘이 인간에게 달려 있고, 인간이 지속적으로 덕을 닦고〔修德〕 쌓으면〔積德〕 하늘을 움직일 수 있다는 믿음이 널리 퍼져갔다.

언젠가 자로는 공자에게 죽음에 대해 여쭈었다. 그러자 공자는 "삶도 모르는데 어떻게 죽음을 알겠는가?"라고 말했다. 자로는 이어서 귀신 섬김에 대해서도 질문했다. 공자는 "산 사람도 제대로 섬기기 못하는데 귀신을 어떻게 섬기겠는가?"라고 답해주었다. 자로는 공자에게서 저 너머의 세계보다는 삶에 충실함이 소중하다는 것을 배웠다. 괴력난신(怪力亂神)의 세계를 이야기하지 않은 선생의 심중도 헤아리게 되었다. 그런 자로였기에 공자의 뜻을 어기지 않으려고 했다. 한데도 선생의 병이 깊어지자 더 오래 사셔야 한다, 떠나시면 안 된다는 마음이 절실했다. 자로는 언젠가 들려준 선생님의 말씀이 떠올랐다.

"내가 위나라 대부 왕손가를 만난 적이 있지."

"위나라 대부 왕손가라면…."

"그래 위나라에서는 그래도 힘을 가진 자였지. 그가 그러더군. 집 안 서남쪽 구석의 신에게 아첨하기보다는 부뚜막 신에게 잘 보이라고."

자로는 무슨 말씀인가 어리둥절했다. 그러나 금세 선생의 말뜻을 알아차렸다. 부뚜막은 먹을 것이 생기는 곳이 아닌가.

"실권을 쥐고 있는 자신에게 잘 보이면 좋겠다는 뜻이었네."

"뭐라고 답해주셨습니까?"

"이렇게 답해주었지." 공자의 눈빛이 서늘해졌다.

"하늘에 죄를 지으면 빌 곳이 없다고."

과연 선생님이시구나. … 정치를 하고자 하면 권력의 실세를 가까이 해야 하는 세상 아닌가. 대부로서 실권을 잡고 있던 왕손가에게 권력으로 움직일 수 없는 사람도 있음을 보여준 공자. 그래, 선생님은 천명을 깨달으신 뒤로 천명을 두려워하게 되었다고 하셨지. 천명에 어긋나는 삶은 하늘에 죄를 짓는 것이 아닌가. 공자는 자신의 뜻과 맞지 않는 위정자를 위해 일할 것을 원치 않았다. 그에게는 죽음으로써 지켜야 할 길이 있었다〔守死善道〕. 그러나 공자가 걸어가고자 한 길은 거창하고 큰 길이 아니었다. 고난 중에도 일상의 삶에서 걸어가면 생겨나는 사람다움과 평화〔仁〕의 길이었다.

사람들의 죽음 앞에서 늘 속절없음을 경험했던 공자. 공자는 어느 날 제자 염백우가 나병(癩病)에 걸렸다는 소식을 듣고 가슴이 무너지는 것 같았다. 염백우의 집으로 가는 발걸음이 무거웠다. 선생이 제자의 문병을 가다니. 얼마나 고통스러운 일인가. 의학이 발달하지 않은 고대사회에서 중병은 곧 죽음을 예고했다. "이럴 리가 없는데, 운명이로구나! 이 사람이 이런 병에 걸리다니! 이 사람이 이런 병에 걸리다니!" 공자는 창문 너머 내민 염백우의 손을 잡으며 거듭 탄식했다. 덕행으로 인망이 두터운 염백우. 그가 왜 이런 중병에 걸렸단 말인가. 덕이 있다 하여 명이 더 긴 것도 아니로구나.

그러나 공자는 하늘을 원망하지 않았다. 돌이킬 수 없는 제자의 운명 앞에 달리 다른 말을 할 수 없었던 것일까. 더 이상 말을 보태지 않았다. 인간은 누구나 질병과 죽음이라는 한계 상황을 마주해야 한다. 죽음과 삶에는 정해진 명이 있다[死生有命]. 하늘은 인간의 요수(夭壽)를 좌우하지 않는다. 공자에게 하늘이란 인간으로서 삶의 길을 바로 걸어가는가 그렇지 못한가를 비추어주는 거울이었다. 이런 공자의 모습 때문일까. 유학은 지금 여기, 삶의 자리에서의 수양을 강조한다. 그래서 맹자는 자신의 몸을 닦아 명을 기다려야 하고, 도를 다하다 삶을 마치는 것을 정명(正命)이라고 했다.

공자에게 도가 내려앉은 곳은 다름 아닌 일상이었다. 공자는 제자들에게 자주 일러주었다. "제사를 드릴 때에는 신이 마치 계신 듯해야 하네", "문을 나서면 큰 손님을 맞이하듯 하고, 백성들에게 일을 시킬 때에는 큰 제사를 받들 듯 해야 하는 법이네." 제자들은 공자에게 도란 일상 속에 있음을 배웠다. 공자에게 일상은 성스러움이 피어나는 장소였다. 도는 일상 속에서 실천되어야 했다. 때문에 공자를 '성스러운 세속인'이라고 한 평가는 적실하다.

'성스러운 세속인'으로서 공자의 모습은 퇴계 이황의 말을 떠올리게 한다. 이황은 도가 일상에서 떨어져 있지 않음을 한 서신에서 이렇게 표현했다.

"이 이치(理)는 일상생활 속 어디에나 있는 것입니다. 움직이는 중에도 쉬는 중에도 있고, 말하거나 묵묵히 있거나, 법도에 따라 사람들을 응대하고 맞이하는 경우에도 있습니다. 평범하고 실제적이며 명백하게 있습니다. 세미한 곡절의 경우에도, 어느 때 어느 곳에서나 그렇지 않은 게 없습니다"(「답남시보서(答南時甫書)」, 『자성록(自省錄)』).

공자에게 기도란 무엇이었을까. 힘을 다해 도를 실천하며 일상의 삶에 외경을 잃지 않는 삶의 과정이 아니었을까. 기도가 자신을 넘어선 존재 앞에서 마음가짐을 바로 하는 데에서 비롯하는 것이라면 공자는 일상에서 기도하는 마음을 항상 지키려 했다고 할 수 있지 않을까. 이러한 삶의 태도는 퇴계와 같은 유학자들에게는 마음을 흐트러뜨리지 않는 경(敬)으로 드러났고, 그들은 이를 주일무적(主一無適)이라고 새겼다.

신학자 월터 핑크에 따르면 "기도란 아무 때나 아무것이나 마음대로 할 수 있는 전능한 임금에게 청탁을 드리는 것이 아니다." 그에 따르면 실제로 우리는 기도할 줄 모른다. 기도는 우리가 하는 '무엇'이 아니기 때문이다. "우리는 그런 기도를 중단하고 단순히 이미 우리 안에서 기도드리고 있는 그 기도를 들어야만 한다." 왜냐하면 성령이 우리 안에서 기도하도록 부추기며 하나님이 우리 안에서 항상 끊임없이 기도하고 있기 때문이다(『사탄의 체제와 예수의 비폭력』).

그렇다면 기도는 자기의 의지를 주님께 투사하고 중언부언하는 행위가 아니다. 기도는 주님의 음성을 듣는 자리이다. 주님의 음성을 듣고자 한다면 자아의 욕심이 담긴 그릇을 비워내야 한다. 그러나 우리는 그러한 비움 또한 자신의 의지로 되는 것이 아님을 체험한다. 기도는 주님께서 주신 무상의 은총이기 때문이다. 우리는 기도하는 동안 자신을 겹겹이 싸고 있는 껍질과 허물이 벗겨짐을 경험한다. 주님 앞에서 무엇을 감출 수 있겠는가. 또 무엇을 자랑할 수 있겠는가! 스스로 의롭다 확신하며 기도한 바리새파 사람과 달리 "세리는 멀찍이 서서, 하늘을 우러러볼 엄두도 못 내고, 가슴을 치며 '아 하나님, 이 죄인에게 자비를 베풀어 주십시오' 하고 기도했다"(눅 18:13).

주님의 기도는 일상 속에서 드러났다. 일상을 돌아보시는 주님은 우리가 구할 것을 먼저 아시는 분이었다. 그래선지 주님의 기도문은 길지 않았다. 하나님 이름의 거룩함을 기림, 하나님의 뜻이 땅에 이루어지기를 바라는 간구, 일용할 양식, 용서, 시험과 악으로부터의 구제, 모든 영광을 하나님께 드림….

마커스 보그는 『기독교의 심장』(한국기독교연구소)에서 기도란 주님께 속내를 털어놓고 대화를 나누어 더욱 깊어지는 관계 속으로 들어가는 수행의 과정이라고 했다. 수행은 주님이 가르쳐주신 기도에 우리의 삶을 비추어 매일 일상 속에서 이루어지는 것이어야 할 것이다. 기도가 일상이 되고 일상이 기도가 되는 자리는 멀리 있을까. 우리에게 기도와 일상, 일상과 기도가 둘이 아님을 보여주신 주님을 생각하며 기도의 뜻을 되새긴다.

9장

말과 부끄러움

恥 _치
躬 _궁
不 _불
逮 _체

옛날에 말을 함부로 내지 않은 것은 실천이 미치지 못함을 부끄러워
했기 때문이다.

古者, 言之不出, 恥躬之不逮也.

—『논어』「이인」(里仁)

"선생님, 살아오시는 동안 가장 후회되신 일은 무엇입니까?" 자공은 평소 늘 마음에 품어둔 궁금함을 풀고 싶었다. 언변과 이재에 밝은 자공은 현실 감각이 탁월했다. 상황 판단력과 실무 능력을 겸비했고, 무엇보다 말을 잘해 상대방을 설득하는 데에 힘을 발휘했다. 제후들의 환영을 받을 만한 자질을 두루 갖추고 있었다. 공자가 제자들을 덕행(德行), 언어(言語), 문학(文學), 정사(政事)로 나눌 때 '언어'에 들어간 고제(高弟)였다.

그러나 장점은 상황에 따라 단점이 되기도 하는 법. 공자는 자공의 구변에 내심 불안감을 지우지 못했다. 사물과 사람을 비교하고 가르는 벽(癖)을 경계했다. 데면데면 지나칠 일도 부러 쓴 소리도 하고, 나무라기도 했다. 한 마디를 던지면 대번에 알아듣는 총기 좋은 제자를 믿은 때문이다. 말을 잘 하고, 말귀가 밝은 것이야 미덕이 아닌가. 다만 공자는 자공이 간혹 드러내는 말과 실천의 불일치를 눈여겨보았다. 자공이 말에 뛰어난 만큼 실천이 따르지 못할 것을 염려했다. 그래서일까. 언젠가 자공이 군자다움이란 어떤 것인지 물었을 때, 공자는 이렇게 답해주었다. "말할 것을 먼저 행하고, 말이 뒤따라야 하네!"(先行其言而後從之).

말은 고대동아시아 사회에서 본래 신령한 것이었다. 한자학자 시라카와 시즈카(白川靜)에 따르면 '언'(言)은 신의 말씀이 적힌 두루마리가 담긴 그릇을 형상화한 글자이다. 말은 주술적이고 신성한 것이었다(『한자, 백가지 이야기』, 황소자리). 그러나 자공에게 말은 쓸모 있는 도구이고, 외교와 행정에 필요한 수단이었다. 말이 가진 신성함은 그에게 큰 의미를 가지지 못했다. 자공이 실용과 효용에 말의 기능을 제한한 것은 시대 상황과 무관하지 않다. 춘추시대 말기에는 말의 신성함이 약화되어가고 있었다. 말에서 신성함이 빠져나갔을 때, 권력을 가진 자들은 말과 삶이 얼마나 어그러질 수 있는가를 극명하게 전시했다. 언제든 말을 바꾸고, 말과 얼굴빛을 꾸미며 진실을 호도했다. 그들은 지위에 걸맞은 말의 짐을 벗어던진 채 백성을 속이며 영토 확장과 군사력 강화에 혈안이 되어갔다.

노(魯)나라의 대부 숙손표(叔孫豹)가 진(晉)나라의 실권을 쥐고 있던 범선자(范宣子)에게 찾아갔다. 범선자가 넌지시 물었다.

"옛사람 말에 '죽어도 썩지 않는다'〔死而不朽〕란 말이 있던데, 무슨 뜻입니까?"

숙손표는 즉답하지 않았다. 범선자가 원하는 말이 무엇인지 짐작한 때문일까? 숙손표가 답을 건네지 않자, 범선자는 기다렸다는 듯 집안의 관록을 장황하게 전했다. 그의 말을 다 듣고 난 숙손표가 짧게 말했다.

"그건 대대로 녹을 받는 것〔世祿〕이지 죽어도 썩지 않는 것이 아닙니다."

이어 숙손표는 노나라 대부 장문중이 죽었지만 그의 말이 없어지지 않은 것을 불후의 예라고 차분히 덧붙인 뒤, 세 가지 썩지 않는

〔三不朽〕예로 입덕(立德), 입공(立功), 입언(立言)이 있음을 알려주었다(『춘추좌전』(春秋左傳) 양공(襄公) 24년).

　진의 권세가 범선자를 향한 숙손표의 충고에는 덕과 공과 말〔言〕이 썩지 않고 영원히 이어진다는 신념이 담겨 있다. 특히 말은 영원성을 상징한다. 몸은 사라져도 말은 사람들의 기억 속에 재생되고 기록으로 남는다. 사람들은 말의 기억과 기록을 통해 역사와 현실을 들여다보는 법을 배워간다. 말과 삶이 분열될 때는 말에 대한 회의가 일어나지만, 말과 삶의 간극을 좁히려 노력할 때 말은 삶에 대한 성찰을 가져오고 사람들의 마음을 비추는 거울이 된다. "말은 마음의 소리(言爲心聲)"〔양웅(揚雄), 『법언』(法言) 「문신」(問神)〕라고 했다. 공자는 마음의 소리를 듣지 못하는 위정자들을 대면하며 말과 행함, 말과 삶의 괴리에 둔감해져가는 현실을 목도했다. 말과 삶이 일치하지 못함을 스스로도 가장 큰 부끄러움으로 여겼다.

　공자에게 부끄러움은 우선 자신의 말을 지키지 못한 데에서 비롯했다. 말을 지키지 못함은 여러 이유가 있을 것이다. 상황의 변수에 자유로울 수 있는 사람은 아무도 없다. 그도 그 점을 잘 알았다. 따라서 말에 휘둘리지 않으려면 말을 그럴 듯하게 꾸미지〔巧言〕말고, 함부로 뱉어내지 않으며〔訥言〕 삼갈 것〔愼言〕을 강조했다. 그러나 공자가 진정으로 부끄러워한 까닭은, 말과 삶의 균열만 아니라 마음의 소리를 들으려 하지 않고 숨기려 한 자신을 발견했기 때문이었다. 그 점이 공자에게는 가장 커다란 부끄러움이자 후회로 자리 잡고 있었다.

　　누구나 타인의 시선에 자신의 치부가 드러나면 수치를 느낀다. 그러나 타인이 모르는 나만이 아는 부끄러움이 있다. 타인의 시선을 의식하며 살아가기에 자신의 목소리에 귀 기울이지 못한 채 살아갈 뿐이다. 자신의 내면을 살필 때 한 점 부끄러움이 없다고 말할 사람이 과연 얼마나 될까. 윤동주는 「쉽게 씌어진 시(詩)」에서 "人生은 살기 어렵다는데 / 詩가 이렇게 쉽게 씌어지는 것은 / 부끄러운 일"이라고 했다. 그의 시는 결코 쉽게 쓰이지 않았을 것이다. 그는 인생의 살기 어려움에 눈을 떴다. 그는 다른 사람의 말을 빌린 듯 "인생은 살기 어렵다는데"라고 적어놓았다. 왜 그랬을까. 아직은 젊고 걸어가야 할 삶의 길이 멀기에 인생은 어떠하다란 자리매김을 저어한 때문일까. 아니면 말이 삶을 담아내지 못하고, 삶이 말을 담아내지 못하는 스스로를 부끄러워한 때문일까.

　　식민지 시대, 말과 삶의 불일치가 그에게는 고통이고 부끄러움이었을 것이다. 말과 삶이 일치하길 바라며, 인생과 시의 사이가 벌어지지 않길 바란 그는 자신의 삶이 시를 배반하지 않기를 기도했다. 그는 참으로 부끄러워할 줄 안 사람이었다. 하여 '부끄러운 이름'(창씨개명될 이름)을 슬퍼한 윤동주의 부끄러움은 마침내 「참회록」(懺悔錄)을 낳았다. 김응교는 이러한 윤동주의 마음을 살피며 다음과 같이 적고 있다.

"정직하게 부끄러움에 마주 서는 인간은 부끄러움 앞에서 긴장하며 반응합니다. 윤동주의 부끄러움은… 역사 앞에서 헌신하지 못하는 자신에 대한 치열한 부끄러움으로 볼 수 있습니다"(『처럼: 시로 만나는 윤동주』, 문학동네).

부끄러움은 참회의 눈물을 낳는다. "베드로는 닭이 울기 전에, 네가 나를 세 번 부인할 것이다 하신 예수의 말씀이 생각나서, 바깥으로 나가서 몹시 울었다"(마 26:75). 베드로는 비통해하며 눈물을 쏟았다. 주님을 세 번이나 부인한 자신이 한없이 초라하고 부끄럽기 이를 데 없었다. 참으로 부끄러웠기에 통곡하고 참회했다. 그러나 부끄러움과 참회 속에 베드로가 흘린 눈물이 주님의 교회를 세우는 반석이 된 것은 아닐까.

그러니 하나님의 뜻을 자신만이 전유한 듯 왜장치고, 말을 뒤집으며 교회의 법마저 어기는 자들에게 부끄러움이란 무엇일까. 과연 그들에게 부끄러움은 있는 걸까. 부끄러움 없이 하나님과 사람과 자신을 속이는 행태에 '부끄러움'이란 말은 어울리지 않는다. 부끄러움이란 감정은 숭고한 것이기 때문이다. 부끄러워할 줄 아는 마음이 있기에 인간은 유한하고 연약한 존재이나 숭고함을 지켜낼 수 있는 것이 아닐까. 그러므로 부끄러움은 부끄러운 것이 아니다. 부끄러워할 줄 모름이 부끄러운 것이다. 맹자는 "사람이 부끄러움이 없어서는 안 되니 부끄러움이 없다는 것을 부끄러워한다면 참으로 부끄러움이 없을 것"(人不可以無恥, 無恥之恥, 無恥矣)이라고 했다.

문득 단테의 『신곡』(神曲) 「지옥편」(제30곡)에서 말로 남을 속인 자들이 목마름과 수종(水腫)으로 고통스러워하는 장면이 떠오른다. 단테는 그를 인도하는 스승 베르길리우스로부터 "보다 적은 부끄러움이 네가 저질렀던 것보다 큰 잘못을 씻나니 이젠 너 그 모든 슬픔에서 벗어날지라"(『신곡』 상, 을유문화사)는 말을 듣는다. 거짓 없는 부끄러움이 큰 잘못도 씻어내고, 부끄러움으로 뉘우치는 사람이 모든 슬픔에서 벗어날 수 있다는 말은 우리에게 어떤 구원의 불빛을 엿보게 한다. 말과 삶의 골이 깊어진 시대, 부끄러움을 모르는 세상에서 부끄러움을 일깨워야 한다면 그리스도인은 어떤 부끄러움을 안고 살아가야 할까.

10장

공경하되 멀리하기

敬_경
而_이
遠_원
之_지

번지가 지(앎과 지혜)에 대해 여쭈자 선생님께서 말씀하셨다. "사람으로서 지켜야 할 도리에 힘쓰고, 귀신을 공경하되 멀리한다면 지라말할 수 있네."

樊遲問知 子曰 務民之義, 敬鬼神而遠之, 可謂知矣.

— 『논어』「옹야」(雍也)

귀신 이야기는 언제나 호기심을 자극한다. 귀신을 주제로 한 문학과 영화가 현대문화에 끊임없이 되살아나 소환된다. 영화 속 귀신은 밤의 세계에만 출현하지 않는다. 낮의 세계에도 귀신이 출몰한다. 왜 현대는 과학의 이름으로 내던졌던 보이지 않는 세계를 다시 불러들이는 걸까. 단순히 호기심 때문만은 아닐 것이다. 세상이 불안해질수록 사람들은 초자연적인 힘에 쉽게 의존한다. 사람을 현혹하는 미신과 사이비 종교나 신앙도 등장한다.

공자는 이성으로 이해할 수 없는 현상에 대해 말하길 삼갔다. 그런 까닭은 춘추시대 사람들이 초자연적인 위력과 신앙에 맹목적으로 빠져 있었기 때문이었다. 공자는 인간 내면에 꿈틀거리는 괴력난신의 세계에 대한 의존적 감정을 경계했다. 갈 길을 잃은 불안한 세상, 살길을 찾으려는 이들에게 자신의 힘을 넘어선 무언가는 유혹의 대상이 아닐 수 없었을 것이다. 합리와 이해를 넘어선 초자연적 현상이 넘실거리는 괴력난신의 세계는 사람들을 뒤흔들어놓고 미혹하게 마련이지 않은가.

이처럼 이해할 수 없는 세계를 경계한 공자는 역설적이게도 한 제국(漢帝國) 시대에 성인의 자리에 오르며 신화화, 우상화되었다. 역사 속 인간 공자의 모습이 사라지게 된 것이다. 경전을 집성하고 해석하면서 진행된 공자의 성인화는 유교를 통해 영원한 제국을 만들려고 한 권력의 의도를 보여준다. 이러한 움직임이 더욱 도를 넘어선 것은 공자에게 종교 교주와 흡사한 신비적 권위를 부여하려는

10장 · 공경하되 멀리하기 敬而遠之

89

운동이었다. 경서(經書)가 아닌 위서(緯書) 속에서 공자는 인간 공자가 아니라 흑룡(黑龍)을 아버지로 하는 반신반인의 신비하고 기괴스러운 형상으로 그려졌다(아사노 유이치, 『공자신화: 종교로서 유교의 형성』, 태학사). 그러나 공자는 사람이 지켜야 할 도리에 힘쓰며 초자연적 존재에 대해서는 공경하되 멀리하라(敬鬼神而遠之)고 말했다. 그렇다고 하여 공자가 보이지 않는 세계의 힘을 무시한 것은 결코 아니다. 현실 삶의 변화와 정치에 관심을 둔 공자에게 귀신과 같은 초자연적 세계가 절실한 관심의 대상이 아니었을 뿐이다.

그렇다면 1,600여 년이 흐른 뒤의 송대 주희(朱熹)는 어떠했을까? 『주자어류』(朱子語類) 「귀신」(鬼神)을 보면 주희는 제자들에게 "귀신과 관계된 일은 이차적인 것이다. 일상의 긴요하고 절실한 곳에서 공부하라"고 당부한다. 그러나 그 역시 귀신의 존재를 부정한 것은 아니다. 공자와 마찬가지로 귀신에 대한 잘못된 신앙이 일상의 질서를 혼란스럽게 할까 우려했기 때문이다. 하지만 공자와 주희의 말에 수긍하면서도 모든 사람이 그 길을 따르기란 쉽지 않았을 것이다.

일본의 사상사가 고야스 노부쿠니(子安宣邦)는 『귀신론』(역사비평사)에서 귀신을 "인간세계와 어떤 형태로든 관계를 맺어온 신령적인 존재"로 이해하면 된다고 했다. 그는 유학자들의 귀신 담론이 귀신의 존재 유무보다는 귀신을 통해 세계를 해석하고 인식하는 방

법에 주목하는 것이라고 한다. 그렇다면 귀신을 어떻게 정의하느냐에 따라 귀신을 둘러싼 이야기가 얼마든지 달라진다. 가령 주희가 깊이 사숙했던 북송시대 정이(程頤)에 따르면 "귀신은 조화의 자취다"(鬼神者, 造化之迹也). 그가 말한 귀신이란 어떤 의미일까?

고대 중국어의 해석을 따르면 귀(鬼)는 귀(歸)와, 신(神)은 신(伸)과 통한다. 귀가 '돌아간다' 혹은 '움츠러든다'는 뜻이라면 신은 '펴진다'는 뜻이다. 주희에 따르면 "바람이 불고 비가 내리고 천둥이 울리고 번개가 치는 것이 귀이고, 바람이 멈추고 비가 지나고 천둥이 멎고 번개가 그치는 것이 신이다." 즉 귀신이란 쉼 없는 자연의 생성과 변화 과정[屈伸往來]을 가리킨다. 다시 말해 "귀신은 단지 기(氣)일 뿐이다. 천지 사이에 기 아닌 것이 없다. 귀신은 기 안에 깃든 신령과도 같다." 따라서 귀와 신은 악마나 악령과 같이 인간세계를 위협하는 무서운 존재가 아닌 셈이다. 사람들이 귀신을 살아 있는 사람들의 삶에 영향을 미치는 실체로 보고 있을 때, 송나라 유학자들은 귀신을 천지자연의 활동과 전개 과정으로 이해했다(귀신의 자연화). 불가사의한 영역으로 놓아둔 것이 아니라 이해할 수 있는 인간의 언어로 해석한 것이다. 그러나 이러한 해석이 당시 사람들을 과연 얼마나 설득할 수 있었을까?

주희가 살던 송대는 다양한 민간신앙과 도교, 불교가 성행했다. 종교학자 이용주의 표현대로 "민중의 종교적 욕구가 폭발하는 시대"였다(『주희의 문화이데올로기』, 이학사). 주희도 "요즘 세상 풍속이 귀신을 숭상해서 신안(新安)과 같은 곳은 아침저녁으로 귀신 소굴 같다"라고까지 했을 정도였다. 당시에 귀신이란 사람들의 길흉화복에 실제로 영향을 미치는 존재였다. 중국인의 일상 속에 귀신과 신령 신앙은 삶의 자연스러운 일부였다.

어느 날 제자가 물었다. "사람이 죽었는데도 기가 흩어지지 않는 경우가 있는데 어째서 그렇습니까?" 주희의 대답은 의외로 간단하다. "그가 죽음을 받아들이지 않았기 때문이다." 그래서 뜻밖의 사고로 불운하게 죽은 원혼을 '여귀'(厲鬼)라고 했다. 현실에서 상식으로 이해할 수 없는 괴이(怪異)한 현상이 나타나는 것도 여귀와 같은 원혼 때문이다. 주희가 예로 들었듯, 스스로 형벌을 가하거나 목숨을 해친 사람, 물에 빠져죽거나, 살해되고, 억울하게 형벌로 죽어간 사람들. 이른바 비명횡사(非命橫死)로 정상적인 죽음을 맞지 못한 사람들, 자신의 의지와 무관하게 갑작스레 세상을 떠난 사람들이 있기 때문이다(박성규,『주자의 귀신론』, 한국학술정보).

주희는 또 제자들에게 옛날 어떤 사람이 밤에 회수를 건너다 사람인지 아닌지 알 수 없는 형상을 보았다는 이야기를 전해준 적도 있다. 그런데 알고 보니 그곳은 옛날의 전쟁터. 주희는 그곳이 전쟁터였기 때문에 그 귀신들이 모두 제명에 죽은 게 아니었으며, 원이 맺혀 기가 흩어지지 않은 것은 당연한 현상이라고 했다. 제자들에게 신기하고 괴이한 사례를 설명하다 주희는 다음과 같이 덧붙였다. "마음을 편안히 먹으면 아무 일이 없지만, 농간을 부리면 괴이

한 일이 출몰한다네."

"귀신이란 조화의 자취다"란 정의가 귀신을 둘러싼 호기심을 풀어주지는 못한다. 하나 이 해석을 세계의 질서와 신비를 있는 그대로 파악하려 한 유학자의 모색이라고 보면 충분할 것이다. 송대 지식인은 세계의 질서(理)를 중시했기 때문이다. 리가 사회에 드러나면 예(禮)의 꼴을 갖게 된다. 예는 전통문화, 의례, 종교, 습속 등 삶의 모든 영역을 포함한다. 그들은 사대부로서 예를 통해 사회와 민간 질서의 틀을 새롭게 짜려 했다. 국가와 지배계층은 다양한 종교신앙을 향한 민중의 갈망을 '음사'(淫祀)라는 이름으로 통제하려고 했다.

현대과학도 생명의 신비를 다 밝혀내지는 못하듯, 초자연 현상과 세계의 수수께끼는 여전히 난제다. 윌리엄 제임스가 『종교적 경험의 다양성』에서 지적한 대로 자신이 경험하지 않았다고 해서 인류의 오랜 꿈과 자신을 넘어선 종교 체험의 다양성을 무시할 수는 없다. 귀신이란 주제를 두고 합리적으로 설명하려고 한 유학자들의 귀신 이해도 또 하나의 해석이라고 보면 좋을 것이다. 우주와 자연, 객관적 세계를 설명해내려는 욕망이 과학의 발전을 가져왔듯, 인간에게는 또한 설명할 수 없는 비의(秘意)를 벗겨내려는 욕망이 꿈틀거린다. 그러나 어떤 과학도 자연과 인간의 모든 현상을 설명해낼 수는 없을 듯하다. 어쩌면 과학이 발달할수록 신비의 영역도 비례

해서 확장되는 것은 아닐까.

인간은 아무리 합리적인 방식으로 세계를 설명하려고 해도, 늘 합리의 세계를 넘어선 초자연적 힘에 대한 경외와 호기심을 품고 살아갈 수밖에 없는 존재인 듯하다. 일상과 초월, 보이는 세계와 보이지 않는 세계를 끌어안고 살아감을 배워가야 한다. 그러나 이 둘 사이에서 어느 한쪽에 치우치게 되면 어떻게 될까. 설명할 수 없는 초일상의 영역은 언어의 바닥까지 내려간다 해도 도달하기 어려울 것이다. 그 세계는 체험의 영역이지, 언어로 쉽게 말해지거나, 지적으로 파악할 수 있는 인식의 영역은 아닐 것이다. 그런데도 묘명(杳冥)한 세계를 자신이 실제로 체험한 듯 말하며 하나님의 이름으로 현혹하는 자들이 있다. 소경이 소경을 인도하는 셈이다.

미지(未知)의 영역에 대해 인간은 겸허해야 한다. "그 날과 그 때는 아무도 모른다. 하늘의 천사들도 모르고, 아들도 모르고, 오직 아버지만 아신다"(막 13:32)고 하신 주님의 말씀을 간직해야 한다. 미지란 무지(無知)가 아니다. 외려 미지는 자신의 앎을 절대적이란 확신을 유예하고, 인간의 유한성을 받아들이는 앎[知]이자 지혜[智]가 아닐까. 아직 드러나지 않은 미지의 영역을 자신이 알아냈다고 자처하는 자들이 사람들의 일상과 영혼을 파괴한다.

그리스도인은 미지의 여백을 품고 이 세상에서 구도와 순례의 길을 걸어가야 한다. 그 길은 일상 속에서 이루어가는 길이다. 일상 속의 종교성을 보듬고 키워가는 삶, 그래서 종교적 성숙으로 나아가는 길이 멀기만 한 길은 아닐 것이다. 시편 기자의 권고를 소리 내어 읽으며 그리스도인으로서 걸어가야 할 길의 뜻을 새겨본다.

"주님만 의지하고, 선을 행하여라. 이 땅에서 사는 동안 성실히 살아라. … 네 갈 길을 주님께 맡기고, 주님만 의지하여라"(시편 37:3, 5).

11장

주님의 길

克_극己_기復_복禮_례

안연이 인에 대해 여쭈었다. 선생님께서 말씀하셨다. 자기의 사욕을
이겨 예로 돌아가는 것이 인이다. 하루라도 자기의 사욕을 이겨 예로
돌아가면 세상이 인으로 돌아갈 것이다. 인을 행하는 것은 자신으로
말미암는 것이지 다른 사람으로 말미암는 것이겠는가?

顏淵問仁. 子曰, 克己復禮爲仁, 一日克己復禮, 天下歸仁焉.
爲仁由己, 而由人乎哉?

— 『논어』「안연」(顏淵)

공자가 14년간의 주유를 마치고 돌아왔다는 소문을 듣고 가까이서 멀리서 청년들이 공문의 사숙에 찾아왔다. 변방에서 찾아온 사람들의 발길도 끊이지 않았다. 불안과 혼돈의 시대, 어떻게 자신을 지켜나갈 수 있을까. 공자는 위태로운 나라에 가지 말고, 혼란스러운 나라에 머물지 말라(危邦不入, 亂邦不居)고 했지만 위방과 난방 아닌 나라를 찾기가 더 어려운 때였다. 사람들은 민생의 불안정으로 고통 받았고, 정신적으로도 지쳐가고 있었다. 그들은 오래도록 모국을 떠나 숱한 위난과 곤경을 겪었던 공자에게 인생의 지혜를 얻고 싶었다.

어느 날 공자가 강학을 마친 후였다. 쉼을 얻고자 사숙을 나가려는데 한 청년이 공자의 뒤를 따랐다. 무슨 일일까. 공자는 뒤를 돌아보았다. 청년을 본 순간 흠칫했다. 청년은 두 해 전에 세상을 떠난 안연과 너무도 닮아 있었다. 자신의 가르침을 말없이 실천한 안연이 떠올랐다. 공자는 몸이 피곤했지만 호학했던 제자 안연을 떠올리니 뭔가 물음을 품은 듯한 청년을 외면할 수 없었다. 공자의 안색을 살핀 청년은 예를 표하고 여쭈었다.

"선생님, 젊은 날에 가장 경계할 것이 무엇입니까?"

공자는 청년을 바라보았다. 질문이 좀 다급하게 느껴졌지만 잠시 숨을 고른 뒤 공자는 천천히 말을 꺼내었다.

"좋은 물음이네. 내 언젠가 정치 지도자들에게도 같은 질문을 받은 적이 있었네. 먼저 젊은 시절에는 남녀 간 문제(色), 성(性)과 관련된 일을 경계해야 한다고 생각하네. 젊은 날에는 혈기가 가득하고 밖으로 발산하는 시기이니 자연히 기운이 고정되어 있지 않지."

"그럼, 장년은 어떤가요?"

"그래, 장년에는 자기 나름의 생각과 고집이 단단해지는 시기지. 자신의 세계를 만들어가느라 자기 확신을 피하기 어렵네. 그러다보니 명예와 지위를 향한 욕구도 크고, 혈기도 강해져 남과 다툼〔鬪〕이 잦아지게 되지. 죄다 남을 이기고자 하는 마음 때문인데, 그건 지배욕과 관련된다네. 다시 말하면, 권력욕이 강해지는 시기라고 할 수 있지."

공자는 위(衛)나라에서 겪었던 일이 떠올랐다. 노나라는 정치적 하극상을 경험하고 있던 반면 위나라는 영공(靈公)과 그의 부인 남자(南子)의 성적 스캔들이 나라 안팎으로 공공연히 알려져 있었다. 위영공의 부인 남자는 결혼 후에도 당시 미남자로 소문난 송의 귀공자 조(朝)를 만나고 있었다. 영공의 아들 괴외(蒯聵)는 송나라를 지나가다 불륜으로 인한 출생을 암시하는 백성들의 노래(영공의 아들인가, 송조의 아들인가)를 듣고 격분해 어머니를 죽일 계획을 세웠다. 모친 살해 시도에 실패한 괴외는 마침내 도망하고, 그 사이 영공은 세상을 떠났다. 그러자 괴외가 도망간 사이 아들 출공첩(出公輒)이 제위를 차지했다. 이 사실에 격분한 괴외는 위나라로 돌아오려 했지만 아들 출공첩이 입국을 막아버렸다. 귀국하지 못해 망명

생활을 계속하다 마침내 역습에 성공해 군주가 되었다. 위나라는 영공과 미자하(彌子瑕)의 관계, 남자와 송조의 불륜, 영공과 송조의 묘한 만남, 그리고 괴외의 모친 남자에 대한 살해 시도와 망명, 아들 출공첩과의 권력 투쟁 등으로 얼룩져 있었다. 공자가 덕을 좋아하길 여색을 좋아하는 것만큼 좋아하는 자를 본 적이 없다(吾未見好德如好色者也)고 말한 내력도 위나라의 이러한 현실과 무관하지 않았다.

"마지막으로 노년은 무엇을 경계해야 할까요?"

"그래, 나도 노년이 되니 더욱 그런 질문 앞에 서게 되네. 혈기가 쇠해지는 시기니, 그 공백을 다른 것으로 채우려고 하게 되지. 노년이 되면 다른 욕구보다 물욕〔得〕이 커지는 것 같네. 한창때는 사람들이 자주 찾아오고, 그 사람의 지위를 보고 찾아오기도 하지. 노년에 이르면 그런 자리로부터 자유로워졌다고 생각했는데, 그렇지 않은 마음을 먹게 되는 사람들을 보게 되었지. 재물, 그게 있어야 사람들이 자신을 함부로 여기지 않고, 사람을 움직일 수 있다는 생각이 드는 거겠지. 그래서 내가 노인을 편안하게 해드려야 한다고 한 거라네. 나이가 들면 모든 면에서 불안해진다네. 그러나 성과 권력과 명예욕은 나이와 무관하게 평생에 걸쳐 조심해야 할 문제라네."

청년의 질문에 군자삼계(君子三戒)로 답하는 동안 공자는 안연의 물음을 생각했다. 안연은 어느 날 인(仁)을 어떻게 실천해야 하는지 여쭈었다. 안연은 일상과 국가, 공동체에서 어떻게 하면 전쟁

11장・주넘의 길 克己復禮

과 폭력의 고리를 끊어낼 수 있을까, 타인의 고통에 무감해져가는 세상에서 구원은 가능할 것인가를 고민했다. 안연은 극기복례의 세목도 듣기를 원했다. 공자는 딱직한 안연의 질문에 네 조목으로 답해주었다. "예가 아니면 보지 말고, 예가 아니면 듣지 말고, 예가 아니면 말하지 말고, 예가 아니면 행동하지 말라"(非禮勿視, 非禮勿聽, 非禮勿言, 非禮勿動).

공자의 답변에 안연이 숨이 막혔을 듯하다. 그러나 그는 자신과 인간을 들여다볼수록 보고, 듣고, 말하고, 행동하는 데에서 얼마나 무력한가를 절감했다. 나의 감각기관과 행동이 아무런 제약 없이 풀어졌을 때 과연 행복할까. 우리는 끊임없이 외부의 유혹에 노출된 일상을 살아간다. 그 흔들림으로 심신에 피로가 몰려온다. 송대 정이(程頤)가 일상에서 시청언동(視聽言動)의 욕망을 경계하는「사물잠」(四勿箴)을 지은 까닭도 여기에 있었다.

문문치 않은 욕망의 장에 던져진 사람들에게 '선을 행하라!'는 최대도덕주의를 주문하기란 어렵다. 타락을 예방하는 견제 장치가 필요하다. 인간의 의지는 욕망 앞에 힘없이 무너진다. 공자는 치자의 자기규율(修己)을 강조했지만, 한 개인의 도덕 수양으로 공동체가 회복된다고 생각하지는 않았다. 그는 인간이 가진 사적 욕망의 움직임을 응시하고, 자신의 몸을 예에 따르도록 돌보고 배양하지 않는다면 누구나 폭력을 행사할 수 있다는 것을 경험했다.

말할 필요도 없지만, 공자는 인간을 완벽한 존재라고 여기지 않았다. 그는 인간의 변화 가능성을 믿은 만큼, 인간이란 불완전한 존재임을 알았다. 따라서 모든 사람이 완전한 자기변화를 한 번에 이뤄내기보다는, 배움〔學〕을 통해 몸으로 익히는 과정〔習〕이 필요하다고 보았다. 그에게 예는 혼자의 노력으로 성취되는 문화와 관습이나 사람을 억압하는 힘이 아니었다. 춘추시대 국가들의 분쟁과 갈등, 폭력을 예방하고, 평화를 유지하려면 국가 간 지켜야 할 상징적인 매개가 필요했다. 그러한 매개로서 예는 이해관계를 달리하는 국가와 집단 사이에 다리를 놓고, 관계를 원활하게 해주는 절차였다. 문제는 권세가들이 자신들의 사적 욕망을 확장해 폭력을 행사하는 무례(無禮)와 비례(非禮)를 어떻게 막을 수 있냐는 것이었다. 사적 욕망이 과연 개인의 수양이나 법적 장치만으로 제어될 수 있을까?

공자는 마음을 변하지 않는 실체가 아니라 외부환경과의 오고감을 통해 구성되는 것으로 보았다. 공자는 타고난 본성은 비슷하나 후천적 습관과 환경으로 달라진다고 했다. 그에게 극기복례란 예를 실천하는 몸으로 자신을 단련해서 몸과 마음, 몸과 현실의 틈새가 벌어지지 않도록 만들어가는 걸음이었다. 마음과 몸은 따로 움직이는 독립된 실체가 아니라, 몸(짓)이 곧 마음을 드러내는 장소였다. 따라서 예를 반복하여 실천하다보면 진실한 마음이 생겨난다는 것(김근, 『예(禮)란 무엇인가』, 서강대학교출판부)은 예가 억제의 도구가 아니라 사람 사이를 조율하고, 폭력을 막는 하나의 길이 될 수 있음을 보여준다.

그러니 개인(들)이 유년부터 몸의 반복실천 없이 생존을 위한, 그리고 타자를 지배하기 위한 지식만을 머릿속에 주입하도록 강요된 채 자라난다면, 공동체는 어떻게 될 것인가. 몸에 배어들지 않은 지식[知]은 지혜[智]로 숙성되지 못한 채 폭력을 낳게 된다. 자신의 욕망을 응시하고, 그림자를 돌아보지 않은 사람이 권력과 부와 지위를 얻게 되면 어떻게 될까. 세상을 자신의 사적 욕망을 부풀리는 탐욕과 지배의 장으로 만들어가지 않을까.

인간은 자신만의 의지로 사적 욕망을 이겨나가기가 어렵다. 하나님 없는 인간의 비참을 토로한 파스칼의 고백처럼 우리는 주님의 은총이 아니면 언제든 쓰러질 수 있다. 사욕을 이겨 예로 돌아간다는 풀이만 아니라 몸이 능숙하게 예를 반복 실천하면 인이 실현된다는 해석을 살피며, 늘 주님 뜻에 우리 몸·마음을 일치시키려 온 힘을 모아야 한다. 그래서 우리 몸·마음을 주님의 뜻이 이루어지는 장소로 만들어가야 한다.

예수께서 "자신의 존재를 장소(감)로 빚어 신이 내려오시게" 하여 "사람들을 불러 모으고, 자신의 터를 장소화시켜 자신의 그늘에 '이웃'이 머물게" 하신 것처럼(김영민, 「예수라는 장소」, 『차마, 깨칠 뻔하였다』, 늘봄) 우리의 존재를 주님이 거하시는 장소로 빚어가고, 우리의 터를 이웃이 머무는 그늘이 되도록 애면글면 나가야 하는 길.

자기 부정〔十字架〕을 통해 하나님의 뜻을 이 땅에 이루신〔克己復禮
爲仁〕주님의 길을 돌아보며, 그리스도인으로서 걸어가야 할 길을
생각한다.

11 장 • 주님의 길 克己復禮

105

참고문헌

• 본문에 인용하고 참고하였으나 표기가 여의치 않아 서명을 적지 못한 책들입니다.

강유위/이성애 옮김.『대동서』(서울: 을유문화사, 2006).
김언종.『한자의 뿌리』1-2 (서울: 문학동네, 2001).
도연명/이치수 옮김.『도연명전집』(서울: 문학과지성사, 2005).
맹자/박경환 옮김.『맹자』(서울: 홍익출판사, 2005).
박철상.『세한도』(서울: 문학동네, 2015).
박헌순 역주.『논어집주』1-2 (파주: 한길사, 2008).
배병삼,『한글세대가 본 논어』1-2 (서울: 문학동네, 2002).
블레즈 파스칼/김형길 옮김.『팡세』(서울: 서울대학교출판문화원, 2015).
성백효 역주.『현토완역 맹자집주』개정증보판 (서울: 전통문화연구회, 2010).
손영식.『이성과 현실: 송대 신유학에서 철학적 쟁점의 연구』(울산: 울산대학교출판부, 1999).
심경호.『논어』1-3(서울: 민음사, 2013).
안지추/김종완 옮김.『안씨가훈』(서울: 푸른역사, 2007).
오긍/김원중 옮김.『정관정요』(서울: 현암사, 2003).
이황/윤사순 옮김.『퇴계선집』(서울: 현암사, 2011).
임옥균.『논어정독』(서울: 삼양미디어, 2015).
전호근.『한국철학사』(서울: 메멘토, 2015).
정현종 외 편주.『하늘과 바람과 별과 詩 — 원본 대조 윤동주 전집』(서울: 연세대학교출판부, 2006).
좌구명/신동준 옮김.『춘추좌씨전』1-3 (파주: 한길사, 2006)
허버트 핑가레트/송영배 옮김.『공자의 철학: 서양에서 바라본 禮에 대한 새로운 이해』(서울: 서광사, 1993).
加地伸行.『孔子画伝: 聖蹟図にみる孔子流浪の生涯と教』(東京: 集英社, 1991).
徐揚杰/윤재석 옮김.『중국가족제도사』(서울: 아카넷, 2000).